医療・介護従事者の
悩みに**ズバッ**と答える！

病院・介護施設の
法律相談
Q&A

小笠原六川国際総合法律事務所

清文社

はしがき

　近時、病院の医療過誤事件や介護施設での虐待事件が相次いで発生しています。例えば、2017（平成29）年2月に岐阜県の中津川市民病院で発生した抗がん剤の副作用の抑制治療での医療事故、2018（平成30）年5月に福岡県の久留米大病院で発生した心臓手術中の医療事故、2018年11月に鹿児島県の有料老人ホームで約1カ月の間に高齢者6人が相次いで死亡した事件など、多くの報道がなされています。

　他方で、医療関係訴訟事件の推移は、2000（平成12）年以降、700～800件から1,000件で増加傾向のまま推移しています（最高裁ホームページ「医事関係訴訟事件の処理状況及び平均審理期間」）。

　これに対し、政府も2015（平成27）年に医療法の改正を行い、医療事故の調査・支援センター設置等の対策を講じているものの、必ずしも十分機能しているものとはいえません。2015年10月の制度開始から3年間に、医療機関から同センターに届け出があった件数は1,129件しかなく（日本医療安全調査機構、2018年10月3日付「医療事故調査制度の現況報告（9月）」）、当初の年間1,000件～2,000件程度の相談件数想定を大幅に下回っており、必ずしも十分機能していません。

　他方、高齢化の現象が予想通り推移しており、医療介護の重要性は日々増しています。

　そこで、本書において医療と介護にかかわる概説書を以下のとおり上梓することとしました。

　まず、医療法人、介護施設の組織論に始まり、特に医療介護で重要な医療行為・介護現場の説明義務や過失等について判例を分析し、医療介護現場の注意義務について整理をしました。

i

次に、昨今個人情報保護法の改正によって重要視されている個人情報の管理のあり方についても詳述しました。

　さらには、現場で働く職員についての労使関係のメンタルヘルス等の対処法にも触れております。

　なお、当事務所所属の、臨床医師でもある平野大輔弁護士が、医療現場の観点（専門的見地）から本書の執筆・編集にかかわっております。

　医療と介護を横断的に概説する書籍は必ずしも多くありません。しかし、今日の医療現場では、町医者であっても患者から科学的根拠を求められることもあり、医者と患者との法律関係もますます複雑化しております。介護においても同様です。そんな時代だからこそ、本書を手に取っていただき、医療介護現場に必要な基礎的な法的素養を身に付けていただきたいと考えております。

　本書によって医療介護の事故を未然に防げる一助になれば幸いです。

2019年 3 月

小笠原六川国際総合法律事務所

代表弁護士　小笠原耕司

 医療

第 1 章　医療法人の組織体 ………………………………… 3
- 医療法人の種類　4

第 2 章　応招義務 ………………………………………… 13
- 総論　14
- 外国人　19
- 虐待が疑われる場合等　24
- 未成年　28
- 精神障がい者・高齢者の患者　31
- 代諾の可否　34

第 3 章　医療行為 ………………………………………… 37
- 投薬行為　38
- 手術前・契約時の説明義務　41
- 手術同意書の法的性質　44
- 看護師の看護行為　48
- 医薬品の管理・処分　50

iii

第4章　医療過誤への対策 ……………………………………………55

・医療過誤対策・ADR　　56

第5章　情報管理に関する諸問題 ……………………………………65

第1節　医療機関における個人情報管理 ……………………………66
・外部からの問い合わせ　　66
・遵守するべき法令等　　70
・職員によるSNS発信　　75
・実習生受け入れに伴う情報管理　　80
・情報管理体制　　83
・各種同意の取り付け手段、利用目的の公表の方法　　90
・情報が漏えいした際の対応方法　　93

第2節　記録の開示 …………………………………………………96
・介護記録・医療記録の作成・保存・開示　　96
・電子カルテ導入後の紙カルテの保存期間、エコー画像の利用　　99
・連携する医療機関との情報シェアのあり方　　102
・保有個人データの開示方法、費用請求における妥当な金額　　104
・個人情報保護法上の違法性阻却事由　　106

第3節　患者のプライバシー保護 …………………………………109
・重症で意識不明な患者の個人情報の取扱い　　109
・呼び出しの名称　　114
・防犯カメラの設置と運用　　116

第6章　職員に関する諸問題 …………………………………………119
・経営難を理由とする従業員の整理解雇　　120
・長時間労働によるリスク　　123
・退職者による情報漏えいへの対応　　126

第7章 その他の相談事例 ································131

- ・入院患者の行動管理、非行・奇行を繰り返す患者への対応　132
- ・診療報酬の回収　137
- ・医療機関で発生するセクハラへの対処法　142
- ・口コミサイトでの事実無根な書込みへの対処　150
- ・医療広告　156
- ・医療法人とM&Aにかかる諸問題　164

第Ⅱ部　介護

第1章　介護虐待 ································179

- ・高齢者虐待—総論　180
- ・身体的虐待と身体拘束　185
- ・経済的虐待　189
- ・養護者による虐待　192
- ・施設従事者による虐待　198
- ・虐待・不適切ケアへの予防策　202

第2章　介護事故と法的責任 ················205

- ・総論　206
- ・施設における建物構造・設備構造　210
- ・徘徊・行方不明　215
- ・誤嚥　222
- ・介護拒否　228
- ・利用者の利用者に対する加害行為　234

v

第3章　職員に関する諸問題 ……………………………………… 239

- 職員の感染症対策　240
- 確保すべき職員数　246
- 入れ墨を入れた職員　251
- 職員のメンタルダウン　257
- 賃金　263
- 就業環境　266
- 解雇　273

■コラム

医療法人設立のメリット　11

病院と診療所の違い　11

応招義務と働き方改革　18

外国人労働者受け入れの今後　23

児童相談所と警察の連携の強化　27

在宅医療　33

医療ADRの具体例　64

病歴を聞き取ることはどうか　69

2015（平成27）年個人情報保護法改正（2017年5月30日施行）　74

病院関係者による情報漏えい　79

外国人技能実習制度　82

出入り業者と情報管理　89

死亡した人物の個人情報　92

著作権に関する裁判例　101

情報開示に関する裁判例　108

プライバシー侵害と防犯カメラの撤去　118

LGBTの患者への対応　148

安全配慮義務　209

予見可能性と結果回避可能性　221

介護職員処遇改善加算　265

【凡例】

入管法	出入国管理及び難民認定法
民訴法	民事訴訟法
個人情報保護法	個人情報の保護に関する法律
男女雇用機会均等法	雇用の分野における男女の均等な機会及び待遇の確保等に関する法律
判タ	判例タイムズ
判時	判例時報
民集	民事判例集
LEX/DB	TKC ローライブラリー
労判	労働判例
自保ジャーナル	自動車保険ジャーナル
最判	最高裁判所判決
高判	高等裁判所判決
地判	地方裁判所判決
地裁支判	地方裁判所支部判決

※ 本書の内容は、2019（平成31）年4月1日現在の法令等によっています。

第 I 部

医療

第1章

医療法人の組織体

医療法人の種類

 新たに病院を開設するために、医療法人の設立を予定しています。医療法人の種類を教えてください。

 医療法人には、大きく分けて社団と財団があり、社団の中には①持分の定めのあるものと②持分の定めのないものがあります。

持分の定めのある社団医療法人には、経過措置型医療法人と出資額限度法人があります。また、税制上の優遇措置などが認められたものとして、特定医療法人や社会医療法人が存在します。医療法人の種類は、以下の図のように整理されます。

■医療法人の種類

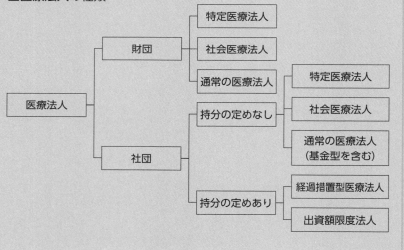

1 医療法人

医療法人とは、病院、医師もしくは歯科医師が常時勤務する診療所、介護老人保健施設又は介護医療院を開設しようとする社団又は財団で、医療法に基づき設立される法人（医療法39条）をいいます。

4　第Ⅰ部　医療

医療法人の設立には都道府県知事の認可が必要で（医療法44条1項）、社団法人の定款又は財団法人の寄付行為の変更など医療法人の組織に影響を及ぼす行為を行う場合にも、都道府県知事の認可が必要となります（医療法54条の9第3項）。

　医療法人では、剰余金の配当が禁じられており（医療法54条）、業務活動の結果、剰余金が発生しても社員に分配することができない非営利法人という点に特徴があります。

　また、2007（平成19）年の第5次医療法改正により、医療法人の非営利性が強化され、財団たる医療法人、又は持分の定めのない社団たる医療法人の形態のみが認められ、医療法人の持分を認めて、社員に剰余金を分配し、また社員の退社に伴う払戻しが禁止されるようになりました。

［1］ 財団たる医療法人

　財団たる医療法人は、財産が法人格の基盤となり、一定の運用方針に従って運用される医療法人で、個人又は法人が財産を寄付することで設立されます。

　なお、財団たる医療法人においては、持分は観念されず、解散時の残余財産は寄付行為に従って処分されます。

［2］ 社団たる医療法人

　社団たる医療法人は、一定の目的の下に結合した人の団体である医療法人です。社団たる医療法人には、持分の定めのある社団医療法人と持分の定めのない社団医療法人があります。

(1) 持分の定めのない社団医療法人

　社団医療法人であって、定款に出資持分に関する定めを設けていないものをいいます。2007（平成19）年4月1日以後に設立された社団医療法人は、すべて持分の定めのない社団医療法人になります。

(2) 持分の定めのある社団医療法人

① 経過措置型医療法人

経過措置型医療法人は、2007年改正前医療法に従って設立された持分の定めのある社団医療法人です。

2007年医療法改正により、持分の定めのある社団医療法人を新たに設立することはできなくなりましたが、従前から存在する持分の定めのある社団医療法人につき、強制的に持分の定めをなくすことは憲法で定められた財産権（憲法29条）侵害にあたることから、既得権を認め、当分の間、経過措置型医療法人として認められることとなりました（良質な医療を提供する体制の確立を図るための医療法等の一部を改正する法律附則10条（残余財産に関する経過措置））。

経過措置型医療法人では、当分の間、時価による持分の譲渡や退社による払戻しが可能で、これにより社員は実質的に経済的成果を得ることが可能です。

② 出資額限度法人

出資額限度法人は、厚生労働省医政局長通知（平成16年8月13日医政発第0813001号）に基づくもので、出資持分の定めのある社団医療法人であって、その定款において、社員の退社時における出資持分払戻請求権や解散時における残余財産分配請求権の法人の財産に及ぶ範囲について、払込出資額を限度とすることを明らかにするものをいいます。

［3］特定医療法人

特定医療法人とは、租税特別措置法67条の2第1項に基づき設立された財団又は持分の定めのない社団の医療法人であって、その事業が医療の普及及び向上、社会福祉への貢献その他公益の増進に著しく寄与し、かつ、公的に運営されていることにつき国税庁長官の承認を受けたものをいいます。

特定医療法人として承認された場合は、法人税において19％（通常は23.2％）の軽減税率が適用されます。

［4］ 社会医療法人[1]

社会医療法人（医療法42条の2）とは、救急医療やへき地医療、周産期医療など特に地域で必要な医療の提供を担う、財団又は持分の定めのない社団の医療法人で、都道府県知事の認定を受けたものをいい、①公益性の高い医療を実施し、②社会医療法人債の発行ができ、③収益事業を行える点に特徴があります。

また、本来業務である病院等から生じる所得について法人税が非課税になるとともに、直接救急医療等確保事業に供する資産について固定資産税及び都市計画税が非課税になるなど、税制上の優遇措置を受けることができます。

［5］ 基金拠出型医療法人

持分のない社団医療法人の一類型であり、活動原資となる資金の調達手段として、定款の定めるところにより、基金の制度を採用しているものをいいます（医療法施行規則30条の37）。

2007年医療法改正により新たに導入された類型で、基金の拠出者は、医療法人に対して劣後債権に類似した権利を有するに過ぎません。この医療法改正の施行後に医療法人を新設する場合、基金拠出型医療法人が一般的になっていると思われます。

なお、社会医療法人や特定医療法人は基金制度を用いることはできないので、基金拠出型医療法人が、社会医療法人の認定又は特定医療法人の承認を受けようとする場合には、基金を拠出者に返還し、定款から基金に関する定めを削除する必要があります。

1　厚生労働省医政局通知「社会医療法人の認定について」（平成20年3月31日医政発第0331008号）

2 医療法人の数

　2018（平成30）年３月31日時点で、全国には53,944の医療法人があり、そのうち財団たる医療法人は369、社団たる医療法人は53,575です。つまり、医療法人の99％以上が社団医療法人というのが現状です。このうち持分の定めのある社団は39,716で、持分の定めのない社団は13,859です（厚生労働省調べ）。

3 医療法人の業務

　医療法人の業務は、以下のとおり、①本来業務、②付帯業務、③収益業務及び④附属業務の４つに分けられます。

① 　本来業務とは、病院、医師もしくは歯科医師が常時勤務する診療所、介護老人保健施設又は介護医療院を運営することです（医療法39条）。

② 　付帯業務とは、医療法人の開設する病院等の業務に支障のない限り、定款又は寄附行為の定めるところにより行うことのできる医療関係者の養成又は再教育、医学又は歯学に関する研究所の設置などの業務のことです（医療法42条）。

③ 　収益業務とは、社会医療法人にのみ認められた厚生労働大臣が定める一定の業務です。収益業務として、農業、漁業から製造業、サービス業に至るまで多岐にわたる業務が認められておりますが、風俗営業など当該医療法人の社会的信用を傷付けるおそれのある業務は認められていません。社会医療法人は、その開設する病院等の業務に支障のない限り、定款又は寄附行為の定めるところにより、その収益を当該社会医療法人が開設する病院等の経営に充てることが可能です（医療法42条の２）。

④ 　附属業務とは、開設する病院等の業務の一部として、またこれに付随して行われる業務のことです。例えば、病院内の売店や駐車場の運

営が附属業務に該当しますが、定款や寄付行為に定めがなくても当然に行え、かつ収益を上げる業務であったとしても可能です。

4 医療法人の業務執行等

医療法人には、原則として3名以上の理事、1名以上の監事の設置が義務づけられ（医療法46条の5第1項）、理事のうち1人は、理事長に選任されます（医療法46条の6第1項）。理事長は、医療法人を代表し（代表機関）、医療法人の業務に関する一切の裁判上又は裁判外の行為をする権限を有します（業務執行機関）（医療法46条の6の2第1項）。理事長は、原則として医師資格の保有者とされています（医療法46条の6第1項）。

理事会は、すべての理事で組織され（医療法46条の7第1項）、①医療法人の業務執行の決定、②理事の職務の執行の監督、③理事長の選出及び解職に関する職務を行います（医療法46条の7第2項）。

医療法人の業務に対する内部的監査は、監事によって行われます（医療法46条の8第1号）。

［1］財団たる医療法人

財団たる医療法人では、評議員、評議員会、理事、理事会及び監事を置かなければなりません（医療法46条の2第2項）。

財団たる医療法人には社員が存在しないため、理事長が、①予算の決定又は変更、②借入金の借入れ、③重要な資産の処分、④事業計画の決定又は変更、⑤合併及び分割、⑥解散、⑦その他医療法人の業務に関する重要事項として寄附行為で定めるものを行う場合には、あらかじめ評議員会の意見を聴かなければなりません（医療法46条の4の5第1項）。また、寄付行為の定めにより、上記事項を評議員会の決議事項とすることもできます（医療法46条の4の5第2項）。

第1章　医療法人の組織体　　9

［2］社団たる医療法人

　社団たる医療法人には、社員が存在し、定款には社員総会及び社員たる資格の得喪に関する規定が置かれなければなりません（医療法44条2項8号）。また、社団たる医療法人は、社員総会、理事、理事会及び監事を置かなければなりません（医療法46条の2第1項）。

　社団たる医療法人の意思決定は、社員総会により行われ、医療法に規定する事項及び定款で定めた事項について社員総会は決議することができるとされています（医療法46条の3第1項）。そして、医療法の規定により社員総会の決議を必要とする事項について、理事、理事会その他の社員総会以外の機関が決定することができることを内容とする定款の定めは無効です（医療法46条の3第2項）。

　社員総会は、定款に別段の定めがある場合を除き、総社員の過半数の出席がなければ、その議事を開き、決議をすることができず（医療法46条の3の3第2項）、各社員は各1個の議決権を有します（医療法46条の3の3第1項）。なお、社員がいなくなることは、解散事由（医療法55条1項5号）となります。

コラム

医療法人設立のメリット

Column

　医療法人を設立した場合の法律的なメリットとしては、医療法人は、医師個人とは独立した法人格を有するため、勤務医師の死亡や能力喪失などの影響を受けず、組織として存続することが可能となります。また、医療法人の財産は、医師個人の財産とは区別され、独立して管理されます。

　したがって、医療法人の債務については、当該医療法人の財産のみが引き当てとされ、医師個人が保証や担保を提供していない限り、個人的に責任を負うことはありません。そして、医療法では医療法人の合併や分割制度が定められており、同制度を利用した組織再編や事業承継を行うことができます。このほか、税務上のメリットを享受することもできます。

コラム

病院と診療所の違い

Column

　「病院」とは、医師又は歯科医師が、公衆又は特定多数人のため医業又は歯科医業を行う場所であって、20人以上の患者を入院させるための施設を有するものをいいます（医療法1条の5第1項）。他方で、「診療所」とは、患者を入院させるための施設を有しないもの又は19人以下の患者を入院させるための施設を有するものをいいます（医療法1条の5第2項）。

　病院の開設には、都道府県知事の許可が必要ですが、診療所の開設には臨床研修を終えた医師であれば、自由に開設できます（医療法7条1項）。なお、「医院」や「クリニック」は診療所の別称として使われることが多いようですが、法律上の用語ではありません。

第1章　医療法人の組織体　　11

第2章

応招義務

総論

Q 一見して暴力団関係者と思しき方が初診に来たのですが、患者とはいえ、暴力団の人が出入りするとなると病院のイメージが悪くなるので、この方の診療をお断りすることができるでしょうか。

A 医師は応招義務（医師法19条1項）を負うため、正当な事由がなければ診療を拒否することはできません。単に「暴力団が出入りすると病院のイメージが悪くなるから」という理由は正当な事由とはいえないため、診療は拒否できません。

1 応招義務

　医師法19条1項は、「診療に従事する医師は、診療治療の求があつた場合には、正当な事由がなければ、これを拒んではならない」と定めています。この義務は、一般に応招義務と呼ばれます。応招義務の法的性質は、医師が直接患者に負う私法上の義務とは解されておらず、医師という職業の公共性及び医師による医業独占に由来する公法上の義務であると解されています。また、病院も同様に応招義務を負います（神戸地判平成4年6月30日判時1458号127頁）。

　もっとも、応招義務が公法上の義務であるからといって、医師が応招義務に違反した場合に民事上の損害を負わないことを意味しません。医師の応招義務は直接には公法上の義務ですが、患者保護のために定められた規定であります。そのため、医師が診療を拒否したことにより患者に損害が生じた場合は、医師に過失があるとの一応の推定が働き、正当事由がある等の反証がない限り、患者に対する医師の損害賠償責任が認められます（千葉地判昭和61年7月25日判時1220号118頁、神戸地判平成4年6月30日判時1458号127頁）。

14　　第Ⅰ部　医療

また、応招義務違反は、行政処分の事由となる場合もあります。すなわち、応招義務違反は「医師としての品位を損するような行為のあつたとき」（医師法7条2項）にあたるから、応招義務違反を繰り返すような場合には医師免許の取り消し又は停止を命ずる場合もあるとされます（昭和30年8月12日医収第775号長野県衛生部長あて厚生省医務局医務課長回答）。

2 応招義務の要件

　上で見たように、医師には医師法19条1項によって、応招義務が課されています。

　もっとも、医師であれば、いかなる場合であっても応招義務を負うというものではありません。ここからは、医師に応招義務が発生する場合の3つの要件を見ていきましょう。

[1] 要件①：診療に従事する医師

　「診療に従事する医師」とは、自宅開業の医師、病院勤務の医師等公衆又は特定多数人に対して診療に従事することを明示している医師をいいます（厚生省健康政策局総務課『医療法・医師法（歯科医師法）解 第16版』医学通信社、1994年、430頁）。

　このような意義からすると、診療時間外に病院にやってきた急病人が医者に診療を求めた場合、診療時間外であることを理由として医者は診療を拒否することはできません。

　一方、医者が休暇中にたまたま飛行機内で急病人に居合わせ診療を求められた場合、当該医者は「診療に従事する医師」とはいえないため、応招義務は負わないと解されます。もっとも、医師の職業倫理上、可能な限り急病人の求めに応じることが望ましいでしょう。

[2] 要件②：診療の求があつた場合

　「診療の求があつた場合」とは、新規患者が診療開始を求めたときに加え、

第2章　応招義務　　15

診療中の患者が診療継続を求めた場面も含まれます。

　もっとも、後者の場面に関しては、診療内容を継続すべきかどうかは高度に医学的な判断が必要とされ行政庁による判断になじまないため、応招義務は初期診療行為に限定すべきとの見解もあります（米村滋人『医事法講義』日本評論社、2016年、48頁）。

［3］要件③：正当な事由がない

　医師は、患者から診療を求められた場合であっても、「正当な事由」があれば拒むことができます。

　いかなる場合に「正当な事由」が認められるかについては、以下の行政解釈が参考になります。

---

(1)　昭和24年通達（昭和24年9月10日医発第752号各都道府県知事あて厚生省医務局長通知）

　　「何が正当な事由であるかは、それぞれの具体的な場合において<u>社会通念上健全と認められる道徳的な判断によるべき</u>」

(2)　昭和30年通達（昭和30年8月12日医収第755号長野県衛生部長あて厚生省医務局医務課長回答）

　　「医師法第19条にいう「正当な事由」のある場合とは、<u>医師の不在又は病気等により事実上診療が不可能な場合に限られる</u>」（救急医療が必要だったケース）

(3)　昭和49年通達（昭和49年4月16日医発第412号各都道府県知事あて厚生省医務局通知）

　　「<u>休日夜間診療所、休日夜間当番医制などの方法により地域における急患診療が確保され、かつ、地域住民に十分周知徹底されているような休日夜間診療体制が敷かれている場合</u>において、医師が来院した患者に対し休日夜間診療所、休日夜間当番院などで診療を受けるように指示することは、医師法第19条1項の規定に反しないものと解される。」

　　「ただし、<u>症状が重篤である等直ちに必要な応急の措置を施さねば患者の生命、身体に重大な影響が及ぶおそれがある場合</u>においては、医師は診療に応ずる義務がある。」

以上3つの通達を整理すると、以下の図のようになります。

「正当な事由」の有無
① 患者の状態・救急医療の必要性 ② 医療機関の人的・物的能力　　　　　➡ これらを総合考慮 ③ 代替医療機関の有無等

　このように考えますと、上のQのような場面で暴力団と思しき人物が診療を求めた場合、医師は単に「病院のイメージが悪くなるから」という理由では診療を拒むことはできません。

　もっとも、当該人物が、医師や看護師、他の患者等を委縮させたり困惑させるような言動を繰り返す場合には、「正当な事由」ありとして、診療を拒否することができる可能性が高いといえます。

第2章　応招義務

コラム

Column

応招義務と働き方改革

　長時間労働が日本の社会問題になって久しいですが、近年、過労自殺事件の増加などもあり長時間労働を是正しようという機運が高まってきました。現在、政府の推進する「働き方改革」政策の柱の1つも長時間労働の是正です。

　医療従事者の場合も長時間労働が問題となっていますが、応招義務との兼ね合いもあって一般の労働者以上に働き方の「改革」は進んでいません。医師の長時間労働の改善は、医療の質の向上をもたらし、患者の健康・命を守ることにつながる。そしてそれは応招義務が保護しようとする利益でもあります。

　応招義務と医者の長時間労働是正は矛盾するものではないという視点を持って、医療従事者の働き方改革を進めるべきです。

外国人

① 外国人の患者が来院したのですが、言葉が通じず、円滑なコミュニケーションを図れる自信がありません。この場合、診療拒否することはできますか。
② オーバーステイの外国人が来院しました。この場合、診療拒否はできますか。また、入国管理局に通報する義務はありますか。

A ① 医師は医師法19条1項により、原則、患者の求めがある場合診療を拒否できません（応招義務といいます）。外国人も患者ですので、原則、診療を拒否できません。
例外として、「正当な事由」がある場合は診療を拒否することができますが、単に「言葉が通じず、円滑なコミュニケーションを図れる自信がない」というだけでは「正当な事由」とはいえないでしょう。
② 基本的には、オーバーステイの外国人に対する診療拒否はできません。また、国公立の医師であれば、公務員の義務として入国管理局への通報義務はありますが、公務員ではない医師には通報義務はありません。また、国公立の医師であっても、医療行為の必要性が認められる場合は、通報義務はありません。

1 医師法19条1項の応招義務

医師法19条1項は、「診療に従事する医師は、診察治療の求があつた場合には、正当な事由がなければ、これを拒んではならない」と定めます。

応招義務は、医師の業務が公共性を帯びていること、医業が国家資格を持った医師に独占されていることから生ずる公法上の義務です。応招義務に違反した場合、罰則規定はありません。

しかし、患者からの診療の求めを拒否して患者に損害が生じた場合、医師の過失が推定されます（千葉地判昭和61年7月25日判時1220号118頁、神戸地判平成4年6月30日判時1458号127頁）。

第2章 応招義務　19

また、応招義務違反は「医師としての品位を損する」行為（医師法7条
2項）にあたり、義務違反をみだりに繰り返す場合には免許取り消し・業
務停止等の行政処分の対象となるおそれがあります。

② 「正当な事由」の考え方

　医師は、原則、患者が診療を求めた場合に応ずる義務がありますが、例
外として、「正当な事由」（医師法19条1項）がある場合には、診療を拒む
ことができます。

　一般論として、「正当な事由」の存否は、具体的な事情の下で社会通念
上健全と認められる道徳的な判断によるべきとされます（昭和24年9月10
日医発第752号各都道府県知事あて厚生省医務局通知）。

　もっとも、1955（昭和30）年に出された通知では、「正当な事由」とは「医
師の不在又は病気等により事実上診療が不可能な場合に限られる」と厳格
な解釈がなされています（昭和30年8月12日医収第755号長野県衛生部長あて
厚生省医務局医務課長回答、千葉地判昭和61年7月25日判タ634号196頁）。

　次に、裁判の中で「正当な事由」の有無がいかに判断されているか、2
つの判例を紹介します。

［1］ 応招義務違反が肯定された例（千葉地判昭和61年7月25日判タ634号196頁）

　1歳の幼児が医院の診察を受けたところ重症の気管支炎又は肺炎の疑い
があると判断され、小児科の入院設備があるA病院に搬送されました。
しかしながら、A病院は小児科のベッドが満床であることを理由に入院
を拒否したため、その後別の病院に搬送されたものの当該幼児は死亡した
という事案です。

　裁判所は、まず「正当な事由」とは「原則として医師の不在又は病気等
により事実上診療が不可能である場合をさす」としました。そして、本件
事案について、①満床であっても、当時A病院には3名の小児科医がいた、

20　　第Ⅰ部　医療

②小児科の専門医がいて小児科の入院設備がある病院は管内にはA病院しかなく、A病院が入院を断った場合、幼児を管外の病院まで搬送しなければならないこと、また幼児は重症で迅速な措置が必要であることをA病院の医師は認識していた、③小児科や他の診療科のベッドが満床であっても、外来等のベッドで応急処置を行い、ベッドが空くのを待つことは可能であったという事情の下では、A病院の診療拒否について「正当な事由」なしと判断し、A病院は応招義務に違反したと結論付けました。

［2］応招義務違反が否定された例（名古屋地判昭和58年8月19日判タ519号230頁）

　開業医（内科医）が患者は入院治療すべきと判断し、B病院はこの開業医から入院依頼を受けたが、それを拒否したところ、別の病院に搬送されたものの翌日患者は死亡したという事案です。

　裁判所は、①当時B病院の当直医が1人でしかも専門外（脳神経外科医）であったこと、②その当直医は入院依頼の際、別の重篤な患者の対応に追われていたこと、③当直医（脳神経外科医）は、開業医（内科医）が行った以上の措置をすることはできず、他の専門医に患者を治療させた方が適切であると判断したこと等の理由から、やむを得ない入院治療の拒否であって応招義務違反に該当しないと判断しました。

　このように「正当な事由」の有無については厳格な判断がなされています。

　最初のQについて、単に「言葉が通じず、円滑なコミュニケーションを図れる自信がない」だけでは、「事実上診療が不可能である場合」にはあたらないため「正当な事由」ありとはいえません。

　考えてみてください。日本人の患者でも、重篤な状態であるため意識を失ったり意識が朦朧としている場合には医師とのコミュニケーションは困難ですが、そのようなコミュニケーションの困難さを理由に医者が診療を拒否できるとしたら、患者保護のために定められた応招義務規定の趣旨に

まったく反してしまいます。さらに、Qのような事例で診療を断った場合には、応招義務違反だけでなく当該外国人に対する不法行為が成立するおそれもあるため、ご注意ください。

また、オーバーステイの外国人に対しても、応招義務があることが参議院国会答弁で確認されています[2]。

3 オーバーステイの外国人患者に対する通報義務

入管法では、オーバーステイの外国人を知った場合でもその旨を通報することができると規定（入管法62条1項）するのみですので、下記記載の公務員以外に通報義務はありません。

他方、国又は地方公共団体の職員は、入管法上、職務を遂行するにあたって不法滞在をしている外国人を知った場合は所轄の入国審査官又は入国警備官に通報しなければなりません（入管法62条2項、5項）ので、公立病院に公務員として勤務する医者や職員の方は、通報義務があるとも思えます。

もっとも、この規定の解釈については、法務省入国管理局長通知（平成15年11月17日法務省管総第1671号[3]）によれば「通報義務を履行すると当該行政機関に課せられている行政目的が達成できないような例外的な場合には、当該行政機関において通報義務により守られるべき利益と各官署の職務の遂行という公益を比較衡量して、通報するかどうかを個別に判断することも可能である」とされています。

したがって、オーバーステイの外国人であっても、治療が必要であると認められる場合は、治療行為に専念し、通報義務は果たさなくて良い、と

---

2 「外国人の医療と福祉に関する質問主意書」（2000年4月28日）参議院議員 大脇雅子
　「外国人の医療と福祉に関する質問に対する答弁書」（2000年5月26日）
3 http://www.gender.go.jp/policy/no_violence/e-vaw/law/pdf/151117_1671.pdf

いうことになろうかと思われます。

　なお、オーバーステイの外国人患者の場合、保険診療が困難な場合があります。その場合は、外国人患者に事情を聞きつつ、労災保険や旅行保険の適用が無いか確認し、その適用が無い場合、自治体が行っている外国籍県民未払補塡事業の活用を検討されるのが良いでしょう。

　例えば、東京都ではオーバーステイの外国人患者で保険診療が困難な場合に、医療費を補塡する制度を定めています（公益財団法人東京都福祉保健財団 外国人未払医療費補てん事務[4]）

コラム
外国人労働者受け入れの今後

Column

　2018（平成30）年6月、政府はいわゆる「骨太の方針」を閣議決定し、外国人労働力の受け入れ枠を拡大することを決めました。政府は、移民受け入れに慎重な世論に配慮して今回の方針を「移民政策ではない」とします。しかし、労働力人口が減少する日本では今後いっそう外国人労働者が必要となりますし、滞在期間はいっそう長期化するでしょう。

　「移民政策ではない」という建前を維持し続けると、日本社会に同化しようとする外国人労働者の意識とあくまで一時的な労働力とみなす日本社会の意識の間でギャップが広がっていくのではないでしょうか。今後、真正面から移民受け入れについての国民的議論が期待されます。

4　http://www.fukushizaidan.jp/501gaikoku/index.html

第2章　応招義務　　23

虐待が疑われる場合等

 患者として来た子どもが虐待を受けている可能性がありますが、どのように対応したら良いでしょうか。

 児童虐待を受けていると疑われる児童を発見した者は、速やかに、これを市町村、都道府県の設置する福祉事務所もしくは児童相談所又は児童委員を介して市町村、都道府県の設置する福祉事務所もしくは児童相談所に通告しなければなりません。

1 児童虐待とは

　児童福祉法25条1項本文は、要保護児童を発見した者は、これを市町村、都道府県の設置する福祉事務所もしくは児童相談所又は児童委員を介して市町村、都道府県の設置する福祉事務所もしくは児童相談所に通告しなければならないと規定しており、保護を要する児童を発見した者に福祉事務所等に対して通告する義務を課しています。

〈児童福祉法〉
第25条　要保護児童を発見した者は、これを市町村、都道府県の設置する福祉事務所若しくは児童相談所又は児童委員を介して市町村、都道府県の設置する福祉事務所若しくは児童相談所に通告しなければならない。
（以下略）

　また、児童虐待の防止等に関する法律2条では、児童虐待とは、保護者（親権を行う者、未成年後見人その他の者で、児童を現に監護するものをいう）がその監護する児童（18歳に満たない者をいう）について行う次に掲げる行為と定義づけられています。

〈児童虐待の防止等に関する法律〉

第2条　この法律において、「児童虐待」とは、保護者（親権を行う者、未成年後見人その他の者で、児童を現に監護するものをいう。以下同じ。）がその監護する児童（18歳に満たない者をいう。以下同じ。）について行う次に掲げる行為をいう。

一　児童の身体に外傷が生じ、又は生じるおそれのある暴行を加えること。

二　児童にわいせつな行為をすること又は児童をしてわいせつな行為をさせること。

三　児童の心身の正常な発達を妨げるような著しい減食又は長時間の放置、保護者以外の同居人による前2号又は次号に掲げる行為と同様の行為の放置その他の保護者としての監護を著しく怠ること。

四　児童に対する著しい暴言又は著しく拒絶的な対応、児童が同居する家庭における配偶者に対する暴力（配偶者（婚姻の届出をしていないが、事実上婚姻関係と同様の事情にある者を含む。）の身体に対する不法な攻撃であって生命又は身体に危害を及ぼすもの及びこれに準ずる心身に有害な影響を及ぼす言動をいう。第16条において同じ。）その他の児童に著しい心理的外傷を与える言動を行うこと。

2 虐待が疑われる場合の典型例[5]

［1］ 子どもの様子が変

　問診や診察の場面において、以下のような年齢や発達段階にそぐわない場合が挙げられます。

- 表情や反応の乏しさ

- 極端に不潔な衣服や皮膚

5　山崎嘉久ほか『ふだんのかかわりから始める子ども虐待防止＆対応マニュアル』診断と治療社、2011年、96頁以下

- 極端にひどい虫歯
- びくびくした様子
- 行動に落ち着きがない
- 大人の顔色をうかがう
- 身体接触を極端に嫌がる
- 性的なことへの年齢に見合わない過度の関心や行動

［2］ 親の様子が変

- 通常の問診に対して頑なな否定や過度の興奮
- 極端に落ち着きがない
- 診察や処置中の子供が重症でも心配やあわてる様子がない
- 子どもの症状から見て受診が遅すぎる
- 子どもへの無関心、おむつ交換や子どもをなだめるなど通常の養育行動を示さない
- 子どもに対して極端に激しい叱り方をする
- 子どもの要求や接近行動に反応しない

［3］ 説明された状況が変

　救急外来の受診において、親の説明内容と子どもの状態とが一致しない場合が挙げられます。例えば、「生後2カ月の子どもが自分で寝返りをしてソファーから落ちた」という場合や、「自分で転んでケガをした」が身体の前面ではなく背面や衣服に隠れる部位の外傷があるような場合です。

3 虐待が疑われる場合の病院の対応

　児童虐待の防止等に関する法律6条により、児童虐待を受けたと思われる児童を発見した者は、速やかに、これを市町村、都道府県の設置する福祉事務所もしくは児童相談所又は児童委員を介して市町村、都道府県の設置する福祉事務所もしくは児童相談所に通告しなければなりません。

〈児童虐待の防止等に関する法律〉

第6条　児童虐待を受けたと思われる児童を発見した者は、速やかに、これを市町村、都道府県の設置する福祉事務所若しくは児童相談所又は児童委員を介して市町村、都道府県の設置する福祉事務所若しくは児童相談所に通告しなければならない。

2　前項の規定による通告は、児童福祉法（昭和22年法律第164号）第25条第1項の規定による通告とみなして、同法の規定を適用する。

3　刑法（明治40年法律第45号）の秘密漏示罪の規定その他の守秘義務に関する法律の規定は、第1項の規定による通告をする義務の遵守を妨げるものと解釈してはならない。

コラム

児童相談所と警察の連携の強化 Column

　検察、警察、及び児童相談所は、児童が被害者である事件や児童が目撃者等の参考人である事件において、児童の負担軽減及び児童の供述の信用性確保の観点から、各地方検察庁で児童が被害者又は参考人である事件についての相談窓口をつくり、日頃から、警察や児童相談所の各担当者と緊密な情報交換を行うなどの取組を行っています（平成27年10月28日最高検刑第103号、平成30年7月24日最高検刑第38号）。

　このような流れを受け、2018（平成30）年より、全国8都道府県（茨城県、群馬県、埼玉県、岐阜県、愛知県、大阪府、高知県、大分県）において、児童相談所に寄せられた虐待情報を警察とすべて共有する運用を始めるようになりました。

第2章　応招義務　　27

未成年

Q 未成年（15歳）の患者が輸血を希望しているのですが、その患者の両親が宗教上の理由で輸血を拒否しています。輸血をすれば、未成年者の患者の命は助かると思うのですが、両親が輸血を拒否している以上、輸血はできないのでしょうか。

A 治療を受けるのは患者自身であり、未成年者といえど、本人が輸血を希望している以上、応招義務の一環として輸血治療を行う必要があります。

1 未成年者に対する医療行為

　医療行為、特に身体への侵襲を伴う行為に関しては、原則としては本人の同意が必要です。もっとも同意をする前提として、一定程度の判断能力があることが必要となります。

　では、例えば、未就学児童のように、まだ判断能力が十分とはいえない者に対する医療行為については、どのように医療行為の同意を得れば良いでしょうか。

　この点について、判例[6]は同意権者から同意を得る必要があることを前提に、10歳の児童に対する頭蓋骨陥没骨折手術に関し、「傷害を受けた患者の開頭手術を行う医師には、右手術の内容及びこれに伴う危険性を患者又はその法定代理人に対して説明する義務がある」としており、児童の判断が期待できない場合に、法定代理人に同意を求めることを許容しています。

　この判例の趣旨は、親権の本質や子の監護権を定めた民法820条に求め

6　最二判昭和56年6月19日判時1011号54頁、判タ447号78頁

られ、子の保護を必要とする範囲で、親権者、未成年後見人らは子の身体に対する侵害に同意することができるとされている点にあるものと考えられます。

❷ 輸血拒否と自己決定権

［１］ はじめに

患者本人がいかなる場合にも輸血を拒否するとの意思をはっきり表明していた場合には、輸血をすることは適切ではないでしょう。患者には医療行為を受けるか否かの自己決定権があるため、患者の意思に反する医療行為を行うことで自己決定権侵害による不法行為責任を負うことがあります。実際、判例[7]でも患者の意思に反する医療行為につき、不法行為責任を認めたものがあります。

他方、患者が輸血を許可しなかったために死に至るケースもあります。この場合、遺族から輸血をしなかったために死に至ったとして、損害賠償請求をされるリスクがあります。このようなリスクを避けるためにも、輸血拒否をする場合は、書面による同意や家族に患者の意思を周知し、輸血拒否の意思存在を証拠として残しておく必要があるといえます。

［２］ 家族の輸血拒否

治療を受けるのは患者ですから、家族ではなく患者本人の意思確認が重要です。したがって、本稿のＱの事案では、家族が輸血拒否をしていたとしても、本人が輸血を望む以上、輸血治療を行う必要があります。

初診の患者で意識が無い場合などは、輸血拒否の意思は確認できません。もっとも、身体生命に危険が生じている場合で、本人の意思が確認できない究極の状況の場合は、人は身体生命に危険が生じたときは医療行為を欲

7　最判平成12年2月29日判タ1031号158頁（エホバの証人輸血拒否事件）

第2章　応招義務　　**29**

するのが通常であるとの考えの下、医療行為を行うという方針を取られるのが良いでしょう。

［3］ 輸血拒否と応招義務

医師には応招義務がありますから（医師法19条1項）、正当な事由がなければ診療を拒否することはできません。例えば、患者の意思が確認できない場合で、患者が輸血を拒否する宗教を信仰している場合でも、その一事をもって診療拒否をすることはできません。

その場合は、輸血治療以外の治療方針の有無を探りつつ、仮に輸血治療以外の手段が取れない場合は、家族等から本人の推定意思を探り、治療方針を決めるほかないでしょう。

なお、上述エホバの証人輸血拒否事件では、当初、依頼を受けた医師は「がんの転移が無い限り、輸血無しでの手術は可能である」旨、患者に伝え、患者も仮に輸血が必要になる場合には死を選ぶ旨明確に伝えていたという事情があったため、輸血治療が違法と判断されました。

以上、判例で輸血治療が違法と判断されたのは、非常に特異なケースに限られている、といえそうです。

30　　第I部　医療

精神障がい者・高齢者の患者

① 精神障がい者の患者の成年後見人は手術について同意しているのですが、精神障がい者の患者自身は手術に同意してくれません。手術をすれば確実に治る病気なのですが、この場合、私は手術をできないのでしょうか。
② 上記と同様のケースで、高齢者本人が手術に同意しない場合はどうなりますか。

① 原則できません。しかし、本人に同意する能力がない場合は、例外的に、手術に同意することができる場合があります。
② ①と同じです。

1 医的侵襲を伴う医療行為の同意

　医療診療契約自体は、医療を受ける本人以外が締結することは可能です。例えば、大学生が虫歯治療を受ける際、治療を受ける大学生の親が医療診療契約を締結し、その親が治療費を出すということはままあります。

　もっとも、医療を受けることに関する決定権自体は、医療を受ける者が有しています。医師が医療行為を行うには、医療診療契約とは別に、原則としてその具体的な医療行為につき患者から同意を得ることが必要であり、同意なくして医療行為を行うことは違法となります。

　例えば、上記歯の治療の事例では、親が医療診療契約を締結したからといって、本人が治療を望んでいないのに、強制的に治療することはできず、本人の意思に反して麻酔を打ち、意識を無くして虫歯治療に及んだ場合は違法になります。

　そして医療行為の同意は、自己決定権に基づく自己の身体の法益処分として、一般には違法性阻却事由と位置づけられています。

　裁判例でも、例えば札幌地裁昭和53年9月29日判決（判タ368号132頁、

第2章　応招義務　　31

判時914号85頁）は、手術が適法たるためには原則として患者の治療及び入院の申込みとは別の当該手術の実施についての患者自身の承諾を得ることを要するものと解すべく、これ無き限り違法な侵害となると判示します。

② 医療行為の同意の代行

先述のとおり医療を受けることに関する決定権は、医療を受ける者が有しています。

しかし、同意する能力がない者に関しては、患者本人による同意が受けられません。このため、どのような要件の下であれば、本人の同意がなくとも医療行為を行い得るかを明確にする必要があります。

この点について、2016（平成28）年、自民・公明両党は「成年後見制度利用促進法案」を国会に提出し、本人の意思能力がない場合、手術や延命措置を行う判断を後見人に委ねられるようにする方針をまとめました[8]。

これに伴い、成年後見制度利用促進基本計画案の作成にあたっての意見具申や、成年後見制度の利用の促進に関する基本的な政策に関する重要事項に関する調査審議等を行うための機関として、内閣府に「成年後見制度利用促進委員会」が設置されました。そして、現在は成年後見制度利用促進委員会が廃止され、後継の成年後見制度利用促進専門家会議において、意思決定が困難な患者への成年後見人の関わり方について議論がなされています[9]。

以上のように、成年後見人の医療行為の同意の可否については、未だ議論がなされているところですが、例えば成年被後見人の生命身体に危険の少ない軽微な医療行為についても、成年被後見人の同意がない限り、何もできない、ということでは成年後見人に課される身上配慮義務（民法858条）

8　2016（平成28）年2月22日付け日経新聞
9　https://www.mhlw.go.jp/content/12602000/000307501.pdf

32　　第I部　医療

に反する可能性自体が生じてしまいます。

　そこで、成年後見人の成年被後見人への身上配慮義務の一環として、軽微な医療行為について、成年後見人に医療行為の同意代行権がある、との見解が近年では増えつつあります。

　これを前提にしますと、軽微な医療行為に関しては、本人が拒絶の意思を明確にした場合は別として、軽微な医療行為について本人の意思による判断が期待できない場合は、同意の代行をすることも可能であるという考えもできるでしょう。

コラム　Column

在宅医療

　近時、高齢者が「在宅医療」を選ぶケースが増えています。そもそも在宅医療とは、「患者の療養場所に関する希望や、疾病の状態等に応じて、入院医療や外来医療と相互に補完しながら生活を支える医療」と定義されるもので、もともとは通院困難な高齢者が選択するものでした。

　しかし、現在の日本では、医療技術や医薬品、衛生用品、医療機器、情報技術が飛躍的に進歩し、さまざまな治療や検査、ケアが可能になったため、在宅での医療でも通院するのと変わらないくらいの水準の医療を受けることができるようになりました。

　このような流れから、家族に見守られながら医療を受ける在宅医療が広がり、今後もますますの広がりを見せることが予想されます。

第2章　応招義務　　33

代諾の可否

 患者の方が傷病などにより意識が無い場合に、どのように対応すべきでしょうか。

 患者の生命や健康に重大な危険が生じている場合、代諾者から代諾を得て、医療行為をすべきです。

1 代諾の可否とは

　医師は、患者の自己決定権尊重のため、患者に対して医療行為に関して説明義務を負います。医師が説明義務に違反した場合、民事上の診療契約の債務不履行責任や不法行為責任が生じる可能性があります。

　かかる観点から、医師の説明義務は重要といえます。説明義務は、医師が患者に対して行う「説明」と、その理解を前提とした患者から医師への「同意」からなります。

　ただ、患者の生命や健康に重大な危険が生じており患者から同意が得られない場合、かかる患者の代わりに代諾者から代諾を得て医療行為をする必要があります。これが代諾の可否の問題です。

　具体的には、①患者が未成年（特に、乳幼児など）である場合や行為能力を欠く常況にある等精神上の障害を有する場合、②成人であっても意識障害等がある場合、すなわち同意能力が不十分であるにもかかわらず医療行為の提供が必要な場合に、患者本人以外の代理人等が同意をすることができるか等のケースで問題となります[10]。

10　初川満『実践 医療と法』信山社、2016年、Ⅶ章2項、XVI章5項ほか

2 代諾が問題となるケース

［1］ 患者が未成年（特に乳幼児など）である場合や行為能力を欠く常況にある等精神上の障害を有する場合

未成年者の場合には民法820条（監護権）、成年後見の場合には民法858条（療養看護の事務）を根拠にそれぞれ親権者、法定代理人を代諾者とすることができるとされています。

［2］ 意識障害等がある成人の場合

これに対し、成人の場合で意識障害などにより同意を得られない場合、代諾者に関する規定がなく、誰が代諾者足り得るかの法的根拠がありません。

この場合には、そもそも説明義務が課される趣旨が患者の自己決定権に基づくものであることから、当該代諾者が、本人の意思を推測し得る者かによって判断することになると考えられています。

一般的には同居の家族は、本人の意思を推測し得るものとされていますが、特に本人の意思を代弁すると思われる事情があればそれを考慮することになります[11]。

---

11 前掲資料XVI章5項

第3章

医療行為

投薬行為

 薬には副作用などがあると思いますが、患者に投薬をする際に注意すべき点はありますか。

 投薬に関して医師の過失が問題となる場合としては、①投薬を中止しなかった過失、②医薬品に関する情報収集義務を怠った過失、③医薬品の選択を誤った過失、④投薬後の経過観察を怠った過失などさまざまありますので、それぞれの場合に過失が認められないように、適切に説明義務などを履行する必要があります。

■ 投薬行為をする上での法律上の注意点[12]
[1] 説明義務との関係

　投薬行為との関係で、医師が患者に対して説明するべき項目としては、診断の内容、患者の現在の状態、予定している治療法の概要と目的・方法、治療の危険・副作用の可能性、代替できる治療法の存否とそこから期待できる効果、放置した場合の転帰、治療期間などであり、これらの情報提供の範囲も原則として医療水準によって決定されます。

　なお、治療の危険・副作用の可能性については、副作用の発生率が極めて低い場合であったとしてもその副作用が重大な結果を招く危険性がある以上は、投薬の必要性とともに副作用のもたらす危険性についても説明すべきとした裁判例があります[13]。

[2] 投薬行為に関して医師の過失が問題となる場合

　投薬行為に関して医師の過失が問題となる場合としては、①投薬を中止しなかった場合の過失、②医薬品に関する情報収集義務を怠った場合の過

12　大島眞一『Q＆A医療訴訟』判例タイムズ社、2015年、52頁〜57頁
13　高松高判平成8年2月27日平7（ネ）106号

失、③医薬品の選択を誤った場合の過失、④投薬後の経過観察を怠った場合の過失等があります。

(1) 投薬を中止しなかった場合の過失

投薬については、重大な副作用が生じた場合に投薬をより早期に中止しなかった過失が争われることが多いです。

投薬を中止した場合に生じる結果が重大であり、そのような結果が生じる可能性が高く、他方、投薬を継続した場合に発生する可能性のある副作用が比較的軽微であれば、投薬を継続すべきことになり、逆に、投薬にそれほどの緊急性がなく、投薬の継続により発生する可能性のある副作用が重大であれば、投薬を中止すべきであり、これに反すると、医師の過失が認められることになります。

投薬継続の必要性と副作用回避のための投薬中止との軽重が明らかでない場合には、医師の裁量に委ねられており、医師の過失を認めることはできないことが多いといわれています。

(2) 医薬品に関する情報収集義務を怠った場合の過失

医師の医薬品に関する情報収集義務については、最新の添付文書を確認し、必要に応じて文献を参照するなど、当該医師の置かれた状況の下で可能な限りの最新情報を収集する義務があると解されています[14]。

(3) 医薬品の選択を誤った場合の過失

いかなる医薬品を選択するかは、当時の臨床医学の医療水準に照らして決められることになります。同じような効能を有する医薬品が複数あり、患者の状態に照らしていずれの医薬品を使用することもあり得るのであれば、いずれかを選択したことについて医師の過失が問われることないといわれています。

---

14 最判平成14年11月8日判タ1111号135頁

医療慣行として、ある医薬品が用いられていたとしても、医療慣行と医療水準は異なるので、その医薬品の使用が医療水準に照らして相当であったかによって過失の有無が判断されます。

(4) 投薬後の経過観察を怠った場合の過失

抗生剤の点滴後にアナフィラキシーショックを発症して患者が死亡した事案[15]について、抗生剤の添付文書には、アナフィラキシーショック発症の原因物質となり得るものであり、アレルギー反応を起こしやすい体質を有する患者には特に慎重に投与し、投与後の経過観察を十分に行い、一定の症状が現れた場合には、投与を中止し、適切な処置を取るべきことなどが記載されていたことや患者がアレルギー性疾患であることを述べていたこと等に鑑み、抗生剤を投薬した医師は、アナフィラキシーショック症状が生じる可能性を予見し、その発症に備えて、あらかじめ、担当看護師に対し、投与後の経過観察を十分に行うこと等の指示をするほか、発症後における迅速かつ的確な救急処置を取り得るような医療態勢に関する指示、連絡をしておくべき注意義務があるとしたものがあります。

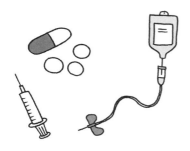

---

15 最判平成16年9月7日判タ1169号158頁

手術前・契約時の説明義務

Q 患者に対して専門的なことを詳細に説明してもご理解いただくのが難しいと思い、手術内容の説明を簡略化し、手術について同意をもらったところ、手術後に患者から「思った手術と違った。」「手術前にきちんと説明を受けていない。」「説明義務違反だから損害賠償請求する。」と言われてしまいました。私はどの程度の説明をすれば良かったのでしょうか。

また、簡略化した説明だけでは説明義務違反になってしまうのでしょうか。

A 手術のように侵襲的な治療の説明義務について、最高裁平成13年11月27日判決は、「医師は、患者の疾患の治療のために手術を実施するに当たっては、診療契約に基づき、特別の事情のない限り、患者に対し、当該疾患の診断（病名と症状）、実施予定の手術の内容、手術に付随する危険性、他に選択可能な治療方法があれば、その内容と利害得失、予後などについて説明すべき義務がある」としています。

したがって、例えば、「半月板を損傷していますが、手術をすれば、1カ月程度で治る」くらいの説明では、説明義務違反になります。

1 一般医療情報提供義務

医師は、診療した患者に関して、現在の症状及び診断病名、治療方針、薬剤の効用、禁忌・副作用等の情報を提供する義務があります（医師法23条、平成15年9月12日厚生労働省医政局医事課「診療情報の提供等に関する指針」）。

ちなみに、医師にはカルテ作成の義務（同法24条）がありますが、このカルテについても患者から開示の請求を受けた場合は原則としてこれに応じなければならないとされています（上記「診療情報の提供等に関する指針」）。

現在では、内規等でカルテ開示に関するルールを定め、患者に公開している病院が増えているようですが、医療の透明化が叫ばれる昨今において、カルテを簡単に閲覧できるようにする流れが加速していくものと思われます。

第3章　医療行為　　41

❷ 説明義務

［１］ 侵襲的治療と説明義務

　手術のように侵襲的な治療の説明義務について、最高裁平成13年11月27日判決は、「医師は、患者の疾患の治療のために手術を実施するに当たっては、診療契約に基づき、特別の事情のない限り、患者に対し、当該疾患の診断（病名と症状）、実施予定の手術の内容、手術に付随する危険性、他に選択可能な治療方法があれば、その内容と利害得失、予後などについて説明すべき義務がある」としています。

　したがって、設例のように、簡略化した説明では上記基準を満たさない可能性があります。

　なお、患者が医師にどのような手術になるかを問い合わせても、医師側が「相手は素人だからわからないだろう」と説明を怠り、結果として、思っていた手術と違ったとして、裁判で訴えられるケースが多々見られます。それゆえ、こうした訴訟リスクを抱えないためにも、医師側にはなるべく詳細でわかりやすい説明を患者に行う、という姿勢が求められます。

［２］ 病状についての説明義務

　病状について、医師は説明をする義務はあるのでしょうか。この点、最高裁平成14年９月24日判決は、「医師は、診療契約上の義務として、患者に対し診断結果、治療方針等の説明義務を負担する」とし、診断結果（すなわち、病状）の説明義務を認めました。

　したがって、仮に病状を説明することが患者にとって、負担になるものだったとしても、医師は診療契約上の義務として、病状を適切に説明する義務を負うものといえます（ただし、がんの告知は患者の肉体的・精神的負担を考慮して、告知しないからといってただちに説明義務違反とはならないケースもあります）。

　また、治療方針についての説明義務については、上記判例をより具体化

42　　第Ⅰ部　医療

した判例（最判平成18年10月27日）があり、「医療水準として確立した療法（術式）が複数存在する場合には、その中のある療法（術式）を受けるという選択肢とともに、いずれの療法（術式）も受けずに保存的に経過を見るという選択肢も存在し、そのいずれを選択するかは、患者自身の生き方や生活の質にもかかわるものでもあるし、また、上記選択をするための時間的な余裕も必要であることから、患者がいずれの選択肢を選択するかにつき熟慮の上判断することができるように、医師は各療法（術式）の違いや経過観察も含めた各選択肢の利害得失について分かりやすく説明することが求められるものというべきである」とされています。

したがって、治療方針についても、複数の方針が想定される場合は、1つの治療方針を十分に説明するのみでは足りず、複数の治療方針を提示し、それら治療方法のメリットデメリットをそれぞれ説明する必要があるといえます。

手術同意書の法的性質

 手術の際に、手術同意書を頂いていますが、これによって一切の責任が免除されるのでしょうか。

A 手術同意書は、医師の説明義務の履行を証明する文書として用いられますが、これによって医師の責任がすべて免除されるわけではありません。

もっとも、説明や同意の有無、内容が争われる可能性があるため、医療行為に際して十分な説明義務を果たしたことの証拠として作成・保管する必要があります。

そして、同意書の内容は、医療水準を基準として医師の合理的裁量に基づき説明が必要とされるものが記載されていれば十分とされています。

1 手術同意書の法的性質

　手術同意書とは、手術を受ける患者が医師の行う手術を受けることを承諾する意思を記載した書面です。

　通常、手術には患者の身体的侵襲を伴いますので、民事上、患者から医師ら又は医療法人に対して不法行為に基づく損害賠償請求権が発生することになります。手術同意書は、患者が手術を受けることについて同意することにより、身体的侵襲に伴い発生する損害賠償請求権を放棄するという法的性質を有します。

　では、患者が手術同意書に署名押印した場合、いかなる場合でも、医師に対して損害賠償ができないことになるのでしょうか。

　結論から申し上げますと、患者が手術同意書に署名押印したとしても、医師が負うことになる責任の一切が免除されるわけではありません。

手術に関する同意書の例[16]

患者氏名：
患者ID　：

日本語／日本語

【手術名：　　　　　　　】に関する同意書

1．病名・手術名　　　　　：
2．現在の症状　　　　　　：
3．手術の必要性・目的　　：
4．術式・麻酔方法　　　　：
5．手術予定日　　　　　　：　　　　　　　　　　　　　　年　　　月　　　日（　）
6．その他

上記の手術に関して、同意される場合には、以下の欄にご署名下さい。

私は、上記手術に関する事項について十分な説明を受け、理解しました。そのうえで、手術を受けることに同意します。（同意された場合でも、いつでも撤回することができます。）また、担当医師の判断で必要処置等を実施する場合があることにも同意いたします。

同意日　　　　　：　　　　年　　　　月　　　　日
患者氏名　　　　：　　　　　　　　　　　　　　（アルファベット・ブロック体）
患者署名　　　　：
住所　　　　　　：
代理人等氏名　　：　　　　　　　　　　　　　　（アルファベット・ブロック体）
代理人等署名　　：　　　　　　　　　　　　　　　　　　（続柄　　　　）
住所　　　　　　：

上記の手術に関して、拒否される場合には、次の文章を読み理解したうえで以下の欄にご署名下さい

私は、手術の必要性について説明を受けましたが、手術を受けることを拒否します。そのことによる結果について、担当医・検査担当医・病院の責任を追及しません。

署名日　　　　　：　　　　年　　　　月　　　　日
患者氏名　　　　：　　　　　　　　　　　　　　（アルファベット・ブロック体）
患者署名　　　　：
住所　　　　　　：
代理人等氏名　　：　　　　　　　　　　　　　　（アルファベット・ブロック体）
代理人等署名　　：　　　　　　　　　　　　　　　　　　（続柄　　　　）
住所　　　　　　：

- -

上記署名者に対して手術について説明しました。
説明日　：　　　年　　　月　　　日　　　　　　科　担当医　：　　　　　　印
上記患者（あるいは代理人等）が本文書において手術に同意もしくは拒否されたことを確認しました。
確認日　：　　　年　　　月　　　日　　　　　　科　担当医　：　　　　　　印

※患者様本人が同意能力のない未成年の場合、または意識障害・病状等により同意・署名が出来ない場合は、上記の代理人等署名欄に保護者、親権者、もしくは未成年後見人、または親族等の方による署名をお願いいたします。

16　https://www.mhlw.go.jp/file/06-Seisakujouhou-10800000-Iseikyoku/0000057061.pdf

あくまで、手術同意書は、病院が患者に対して手術内容を十分に説明し、医療水準に従って過失がない手術をすべき医療契約上の債務を果たした場合、手術の結果が万一発生した不可抗力の事態に至ったとしても損害賠償をしないという趣旨の合意と解されると考えられます。

2 インフォームド・コンセントと手術同意書

　手術同意書は、医師の診療契約上の説明義務（インフォームド・コンセント）が履行されたかの証拠になるものです。

　医師は、判例上、診療契約の義務として医療方針について患者に対して説明義務を負うと解されているものの、直接的に根拠となる明文の規定はなくその方法や内容を詳細に定めた法規定はないため[17]、インフォームド・コンセントは、医師が口頭で行うこともできると解されています。

　もっとも、治療の後で同意や説明の有無、内容（が十分であったか）が争いになることも想定されるため、あらかじめ文書にしておく方が望ましいといえます。そのような意味でも、手術同意書は、医師の診療契約上の説明義務が履行されたかの証拠となるものといえます。

3 手術の際のインフォームド・コンセント

　手術同意書に記載すべき内容、ひいては医師が患者に説明すべき内容としてどの程度が求められるでしょうか。

　まず、原則として、医師は、医療行為を行うに際しての合理的裁量が認められます。したがって、診療契約上要求される説明の内容も、その合理的裁量に基づいて当該医師が決定することができます。

17　なお、臨床試験における治験においては「医薬品、医療機器等の品質、有効性及び安全性の確保等に関する法律」（薬機法）80条の2第4項が省令に従うことを定め、同条項の委任を受けた省令にインフォームド・コンセントの義務づけがされています。

そして、どの程度の説明が合理的裁量に基づく説明と評価できるかについては、原則として診療当時の医療水準が基準とされています[18]。例えば、説明が患者の意思決定を尊重してなされるものであることから、意思決定に関わる重要なものについては、詳しく説明することが要求されます。

　また、重篤な結果が発生する可能性がある場合や、重篤ではなくとも頻度が高く患者の負担が大きいと考えられる場合には、説明する義務があると考えられます。

　さらに代替治療に関する説明義務の要否について、確立した療法と未確立の代替療法が存在する場合に、一般には未確立の代替療法について常に説明義務が生じるとはいえないとしながらも、患者が当該代替療法についての関心を表明し、代替療法の実施例が相当数あり、患者に代替療法への適応可能性が認められるなどの具体的事情から未確立の代替療法についての説明義務を認めた判例もあります[19]。

　また、質問とは異なりますが、「いかなる事故についても一切の異議申立てをしない」といった損害賠償請求権放棄の同意書は、公序良俗（民法90条）に反し無効と判断されているものもあります[20]。

18　初川満『実践 医療と法』信山社、2016年、第Ⅶ章2項。判例として最判昭和56年6月19日判時1011号54頁、最判昭和61年5月30日判時1196号107頁

19　最判平成13年11月27日判タ1079号198頁（乳房切除乳癌手術に際し、乳房温存療法についての説明義務を認めたもの）

20　下級審裁判例として大阪地判昭和37年9月14日

第3章　医療行為　　**47**

看護師の看護行為

Q 看護師として病院で勤務していますが、どのような医療行為までできるのでしょうか。また、最近、看護師が行うことができる医療行為の範囲が変わったと聞きましたが、どのような行為ができるのでしょうか。

A 看護師が行うことができるいわゆる看護行為とは、保険師助産師看護師法上、傷病者もしくは産婦に対する「療養上の世話又は診療の補助をなすこと」を指しますが、2015（平成27）年10月1日より、一定の手順を踏めば、診療の補助行為として、厚生労働省令の第2条で定められる38の医療行為もできるようになりました。

1 看護師が行うことができる看護行為

　保険師助産師看護師法5条では、「看護師」とは、「厚生労働大臣の免許を受けて、傷病者若しくはじょく婦[21]に対する療養上の世話又は診療の補助を行うことを業とする者」と定義づけられています。

　そのため、看護師が行うことができるいわゆる看護行為とは、傷病者もしくは産婦に対する「療養上の世話又は診療の補助をなすこと」になります。

2 看護師の特定行為に係る研修制度

［1］ 看護師の特定行為に係る研修制度の概要

　少子高齢化社会において、医療の充実と図るためには在宅医療の推進は重要であり、在宅医療等の推進を図っていくためには、医師又は歯科医師の判断を待たずに、手順書により、一定の診療の補助を行う看護師を養成し、確保していく必要があります。

21　出産後間もなく、まだ産褥にある女性。産婦。

48　第I部　医療

そのため、看護師が行うことができる行為を一定程度拡張し、かかる特定の行為について手順書によりその内容を標準化することにより、今後の在宅医療等を支えていく看護師を計画的に養成していくことが重要となります。

［2］看護師の特定行為とは

保険師助産師看護師法の一部が改正され、看護師の特定行為研修の制度が2015（平成27）年10月1日から始まりました。

同法37条の2第1項は、「特定行為を手順書により行う看護師は、指定研修機関において、当該特定行為の特定行為区分に係る特定行為研修を受けなければならない」と定めています。

そして、「特定行為」（第1号）とは、「診療の補助であつて、看護師が手順書により行う場合には、実践的な理解力、思考力及び判断力並びに高度かつ専門的な知識及び技能が特に必要とされるものとして厚生労働省令で定めるものをいう」とされ、具体的には、厚生労働省令の第2条で38の医療行為が定められています。

「特定行為」には、例えば、在宅医療の現場において必要性の高い、気管カニューレの交換や胃ろうカテーテルもしくは腸ろうカテーテル又は胃ろうボタンの交換などが含まれています。

第3章 医療行為 **49**

医薬品の管理・処分

Q 　第三者による医薬品の流用による事故等が増えていることから、医薬品の安全な管理が叫ばれています。具体的には、どのような手順で医薬品の管理を行えば良いのでしょうか。

A 　医薬品の管理については、2006（平成18）年 6 月に「良質な医療を提供する体制の確立を図るための医療法等の一部を改正する法律」（平成18年法律第84号）が成立し、2007（平成19）年 4 月より、病院、診療所、歯科診療所及び助産所（以下「病院等」という）の管理者には医薬品・医療機器の安全使用、管理体制の整備のため、医薬品の安全使用のための業務手順書の作成が義務づけられています。そのため、個々の病院等が作成した医薬品の安全使用のための業務手順書に従って、医薬品を管理することになります。
　処分についても、麻薬、向精神薬、覚せい剤原料は、それぞれの規制法に則った廃棄が必要になります（麻薬及び向精神薬取締法、覚せい剤取締法）。その他の医薬品の廃棄については法律上の規制はありませんが、適切な方法・手順による廃棄が求められるでしょう。

1 医薬品の安全な使用のための管理

［1］ 医療法改正と医療の安全確保義務化

　近年、医療の安全に対する社会の関心が高まり続けています。そのような社会的関心の高まりを背景として、2006（平成18）年 6 月に「良質な医療を提供する体制の確立を図るための医療法等の一部を改正する法律」（平成18年法律第84号）が成立しました。同改正によって、病院等の管理者は病院等における医療の安全確保を法律上義務づけられることになりました。

　そして、医療の安全確保のための措置の一環として、医薬品の安全な管理のための規定が設けられました。

　現行の医療法（2017年改正）及び医療法施行規則（2017年改正）によると、

50　　第Ⅰ部　医療

病院等の管理者は、医薬品安全管理責任者を配置した上で、医薬品安全管理責任者に、①医薬品の安全使用のための業務に関する手順書を作成させるとともに、②医薬品の業務手順書に基づいて業務を実施させなければならない、とされています（医療法6条の12、同法施行規則1条の11第2項2号ロ・ハ）。

［2］ 医薬品の安全使用のための業務手順書

　上述したように、病院等の管理者は、医薬品安全管理責任者をして医薬品の安全使用のための業務手順書（以下「業務手順書」という）の作成をさせる義務を負います。しかしながら、改正医療法及び改正医療法施行規則には、業務手順書に盛り込むべき具体的内容については規定していません。

　そこで、業務手順書に記載すべき内容については、厚生労働省が2007（平成19）年3月に発表した「『医薬品の安全使用のための業務手順書』作成マニュアル」が参考になります。

　「『医薬品の安全使用のための業務手順書』作成マニュアル」では、平均的な病院を想定した上で、医薬品の採用・購入、調剤室での管理・病棟への供給・病棟での管理、患者への使用など医薬品を取り扱う各段階において、各病院等が取るべき標準的な安全対策を項目別に記載しています。

　個々の病院等は、「『医薬品の安全使用のための業務手順書』作成マニュアル」を参考にしつつ、自らの施設の規模、専門性、能力等を考慮した上で実施可能な業務手順書を作成することが期待されます。

　さらに、病院等は、作成された業務手順書に従って日々の業務を遂行するとともに、日進月歩で発展する医療に伴って、適宜、自らの業務手順書のアップデートしていくことが求められるといえます。

第3章　医療行為　　51

〈医療法〉（平成29年6月14日公布（平成29年法律第57号）改正）

（医療の安全の確保のための措置）

第6条の12　病院等の管理者は、前2条に規定するもののほか、厚生労働省令で定めるところにより、医療の安全を確保するための指針の策定、従業者に対する研修の実施その他の当該病院等における医療の安全を確保するための措置を講じなければならない。

〈医療法施行規則〉（平成30年3月22日公布（平成30年厚生労働省令第30号）改正）

第1条の11　病院等の管理者は、法第6条の12の規定に基づき、次に掲げる安全管理のための体制を確保しなければならない（ただし、第2号については、病院、患者を入院させるための施設を有する診療所及び入所施設を有する助産所に限る。）。

　（一～四　略）

2　病院等の管理者は、前項各号に掲げる体制の確保に当たつては、次に掲げる措置を講じなければならない（ただし、第4号については、特定機能病院及び臨床研究中核病院（以下「特定機能病院等」という。）以外の病院に限る。）。

　一　院内感染対策のための体制の確保に係る措置として次に掲げるもの（ただし、ロについては、病院、患者を入院させるための施設を有する診療所及び入所施設を有する助産所に限る。）

　　（イ～ニ　略）

　二　医薬品に係る安全管理のための体制の確保に係る措置として、医薬品の使用に係る安全な管理（以下「安全使用」という。）のための責任者（以下「医薬品安全管理責任者」という。）を配置し、次に掲げる事項を行わせること。

　　イ　従業者に対する医薬品の安全使用のための研修の実施

　　ロ　医薬品の安全使用のための業務に関する手順書の作成及び当該手順書に基づく業務の実施（従業者による当該業務の実施の徹底のた

めの措置を含む。)

ハ　医薬品の安全使用のために必要となる次に掲げる医薬品の使用（以下「未承認等の医薬品の使用」という。）の情報その他の情報の収集その他の医薬品の安全使用を目的とした改善のための方策の実施

（（1）〜（3）　略）

（三、四　略）

2 医薬品の処分について

［1］　麻薬・向精神薬・覚せい剤原料の場合

　麻薬を廃棄する場合、麻薬の管理者は、麻薬の品名、数量、廃棄方法についての届出をあらかじめ都道府県知事に提出し、麻薬取締員などの立会いの下、廃棄を行わなければなりません（麻薬及び向精神薬取締法29条）。

　向精神薬の場合、廃棄の方法等についてあらかじめ都道府県知事に届け出る必要はありませんが、償却その他回収が困難な方法で廃棄しなければなりません（同法50条の21、麻薬及び向精神薬取締法施行規則40条3項）。

　覚せい剤原料を廃棄する場合、あらかじめ都道府県知事に届け出た上で、覚せい剤監視員の立会いの下、廃棄することが求められます（覚せい剤取締法30条の13）。

種類	届出の有無	立会いの有無
麻薬	届出必要あり	立会い必要あり
向精神薬	届出必要なし	立会い必要なし
覚せい剤原料	届出必要あり	立会い必要あり

［2］　その他薬品の場合

　その他医薬品については、「医薬品、医療機器等の品質、有効性及び安全性の確保等に関する法律」（薬事法改正によって改称）をはじめとして、法律上廃棄についての規定はありません。

第3章　医療行為　　53

しかしながら、一般廃棄物としてごみ袋に入れて廃棄すると第三者に廃棄予定の医薬品を再利用されるおそれがあるため、慎重に廃棄方法を検討すべきである、とも声もあります。

　したがって、病院等においてはその他の医薬品の処分についてもその手順・方法等をあらかじめ業務手順書で具体的に定め、院内に周知しておく必要があります。

第4章

医療過誤への対策

医療過誤対策・ADR

 医療過誤裁判で説明義務違反に問われないために、どのようなことに注意すべきでしょうか。

 医療の領域ごとに異なる説明義務が課されていますので、それぞれに留意して適切に説明義務を果たす必要があります。

1 説明義務とは

まず、医療行為とは、「当該行為を行うことにあたり、医師の医学的判断及び技術をもってするのでなければ人体に危害を及ぼし、又は危害を及ぼすおそれのある行為」[22]であるため、患者が医療行為を受ける場合は、当該行為における説明を受けてこれに患者本人が同意をすることが患者の自己決定権として求められます。

この患者の自己決定権を行使するために必要な情報を提供するものとして、医師の医療行為の説明義務があります。

2 説明義務の内容

では、医師の患者への説明義務とは医療行為についてどこまで説明することが求められているのでしょうか。

最高裁判所は、説明義務とは「疾患の判断（病名と病状）、実施予定の治療方法、及びそれに付随する危険性、他に選択可能な治療方法があればその内容と利害得失、予後など」としています[23]。

しかし、実際の診療においては、患者の年齢や理解能力の程度、医療行

---

22 「医師法第17条、歯科医師法第17条及び保健師助産師看護師法第31条の解釈について（通知）」平成17年7月26日医政発第0726005号
23 最判平成13年11月27日

56　第Ⅰ部　医療

為の緊急性、重大性などさまざまな状況がありますから、説明の内容もそれに応じて変わり一義的に定まらないというのが現状です。

厚生労働省による「診療情報の提供等に関する指針」（平成15年9月12日付け）は、原則として以下の事項を説明することとしています。

①現在の症状及び診断病名、②予後実施予定の治療法とその内容、③処置及び治療の方針、④処置する薬剤について、薬剤名、服用方法、効能及び特に注意を要する副作用、⑤代替的治療法がある場合にはその内容及び利害得失（患者の負担する費用が大きくなる場合には、それぞれの場合の費用を含む）、⑥手術や侵襲的な検査を行う場合には、その概要（執刀者及び助手の氏名を含む）、危険性、実施しない場合の危険性及び合併症の有無、⑦治療目的以外に、臨床試験や研究などの他の目的も有する場合には、その趣旨及び目的の内容です。

これはあくまで厚生労働省が出している指針に過ぎず、裁判所の判断を拘束するものではありませんが、上記の最高裁判例と共通するものも多く、大変参考になるものと思われます。

3 各医療専門家ごとの説明義務

では、実際に説明義務としてどのようなものが必要とされるのでしょうか。ある女性の患者Aが来院し、手術をすることになった事例を基に考えてみます。

[1] 外科医

上記厚生労働省の指針①〜⑦に沿って説明は必要となります。注意すべき点は、⑤の代替療法の説明です。

医師としては、乳房切除術が適当と考えていても、患者は乳房温存療法を望んでいるかもしれません。実際の裁判例[24]で、当時未確立であった乳房温存療法について説明をしなかったことが説明義務違反として損害賠償

請求を認めたものがあります。

　患者の関心がどこにあるのか、医師の側から患者に対し疑問点、治療に関して要望がないかを尋ねておくことが後々の紛争回避にとって重要です。

(1) 事案（最判平成13年11月27日民集55巻6号1154頁）

　被告に乳がんと診断されその執刀により、乳房の膨らみをすべて取る胸筋温存乳房切除術による手術を受けた原告が、原告の乳がんは腫瘤とその周囲の乳房の一部のみを取る乳房温存療法に適しており、原告も乳房を残す手術を希望していたのに、被告は原告に対して十分説明を行わないまま、原告の意思に反して手術を行ったとして、被告に対し診療契約上の債務不履行又は不法行為に基づく損害賠償を請求した事案です。

(2) 要旨

　乳がん手術にあたり、当時医療水準として確立していた胸筋温存乳房切除術を採用した医師が、未確立であった乳房温存療法を実施している医療機関も少なくなく、相当数の実施例があって、乳房温存療法を実施した医師の間では積極的な評価もされていること、当該患者の乳がんについて乳房温存療法の適応可能性のあること及び当該患者が乳房温存療法の自己への適応の有無、実施可能性について強い関心を有することを知っていたなど判示の事実関係の下においては、当該医師には、当該患者に対し、その乳がんについて乳房温存療法の適応可能性のあること及び乳房温存療法を実施している医療機関の名称や所在をその知る範囲で説明すべき診療契約上の義務があると判示しました。

［2］ 麻酔医

　麻酔医の場合は、実施される処置に使用される麻酔薬の説明やその副作用などの説明が求められます。十分な問診や患者の観察を怠ったことによ

24　最判平成13年11月27日民集55巻6号1154頁

り、患者が麻酔薬によるアナフィラキシーショックを起こし死亡したとして、損害賠償請求が認められた裁判例[25]があります。患者の状態については、積極的に患者に尋ねていくことが重要です。

(1) 事案（最判平成16年9月7日判タ1169号158頁）

　被告が開設する総合病院において結腸がん除去手術を受けた男性患者が、手術後同病院において入院加療中、点滴により抗生剤の投与を受けた直後にアナフィラキシーショックを発症し、その後死亡したことについて、妻子である原告らが、病院及び主治医に対し、上記抗生剤投与後の経過観察をすべき注意義務及び救急処置の準備をすべき注意義務をそれぞれ怠った過失があるなどと主張して、不法行為又は診療契約上の債務不履行に基づき、損害賠償請求をした事案です。

(2) 要旨

　アレルギー反応を起こしやすい体質の患者に、結腸がん除去手術後の炎症に対処するため、担当看護婦に、投与後の経過観察を十分に行い、発症後における迅速かつ的確な救急処置をとり得るような医療態勢に関する指示・連絡をすることなく、アナフィラキシーショック症状を引き起こす可能性のある点滴を投与させ、アナフィラキシーショックにより患者を死亡させた担当医師には過失があると判示しました。

［3］ 小児科医

　もし、患者が未成年であった場合はどうなるでしょうか。患者が医療行為について十分な理解能力がないとされる場合は、一般的には親に対し説明義務を果たすことが求められます。

　しかし、未成年であっても理解能力の程度は年齢によって当然変わってきます。裁判例からはっきりとした基準があるわけではありませんが、16

25　最判平成16年9月7日判タ1169号158頁

歳前後からは理解能力と判断力があると考え、親への説明とともに、患者への説明もするのが適当でしょう。

4 医療過誤が起きた場合の被害者救済

実際に医療過誤が起きた場合、その被害者である患者はどのように救済されるのでしょうか。

残念ながら、現在の日本では医療過誤の被害者について何らかの救済を国が直接的に行う法律はありません。そのため、医療過誤の被害者は裁判により医療機関を相手取り損害賠償請求をするというのが現状となっています。

なお、被害者救済を目的とした医療過誤原告の会[26]といった医療過誤被害者の団体も存在します。

5 医療事故調査制度

[1] 医療事故調査制度

医療事故制度とは、2014（平成26）年6月18日に成立した医療法の改正の際に盛り込まれた制度で、医療事故が発生した医療機関において院内調査を行い、その調査報告を民間の第三者機関（医療事故調査・支援センター）が収集し、分析することで再発防止につなげ、医療の安全を確保するものです。

なお、医療事故調査制度の対象となる医療事故とは、「当該病院等に勤務する医療従事者が提供した医療に起因し、又は起因すると疑われる死亡又は死産であって、当該管理者が当該死亡又は死産を予期しなかったものとして厚生労働省令で定めるもの」（医療法6条の10）とされています。

26　医療過誤原告の会（http://www.genkoku.net/）

［2］ 具体的な流れ

医療機関は、医療事故が発生した場合、まず、遺族に説明し、その上で医療事故調査・支援センターに報告をします。その後、医療機関は、院内事故調査を行います。

院内事故調査の際には、医療機関は、医療事故調査等支援団体（医療機関が院内事故調査を行うにあたり、専門家の派遣等の必要な支援を行う団体）に医療事故調査を行うために必要な支援を求め、基本的に外部の医療の専門家の支援を受けながら調査を行うことになります。そして、院内事故調査が終了した後は、調査結果を遺族に説明し、医療事故調査・支援センターに報告します。

なお、医療機関が医療事故として、医療事故調査・支援センターに報告した事案について、遺族又は医療機関が医療事故調査・支援センターに調査を依頼したときは、医療事故調査・支援センターが調査を行うことができます。かかる調査が終了した場合、医療事故調査・支援センターは、調査結果を医療機関と遺族に報告することになります。

［3］ 医療事故調査支援団体の支援業務

- 医療事故の判断に関する相談
- 調査手法に関する相談、助言
- 院内事故調査の進め方に関する支援
- 解剖、死亡時画像診断に関する支援（施設・設備等の提供を含む）
- 院内調査に必要な専門家の派遣
- 報告書作成に関する相談、助言（医療事故に関する情報の収集・整理、報告書の記載方法等）

［4］ 医療事故調査制度の利用実態

医療事故制度は、2014（平成26）年6月18日に成立した医療法の改正の際に盛り込まれた制度ですが、医療事故に該当するかの判断が当該医療機

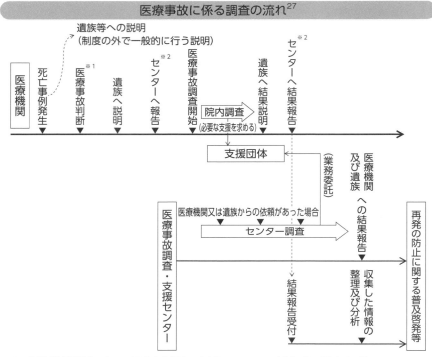

※1 管理者が判断する上での医療事故調査・支援センター又は支援団体へ相談が可能
※2 センターとは「医療事故調査・支援センター」

関の管理者の判断に依存していることもあり、その利用件数は当初想定された件数を下回るものでした。

　医療事故調査・支援センターが出している2019（平成31）年1月9日付けの医療事故調査制度の現況報告によると、医療事故報告は制度が導入されてから、医療事故報告がなされたのは累計1,234件、院内調査結果報告がなされたのが累計908件、相談件数が累計6,250件であるところ、医療事故調査・支援センターに調査を依頼した件数は累計81件にとどまっています。

27　https://www.mhlw.go.jp/file/06-Seisakujouhou-10800000-Iseikyoku/0000099650.pdf

医療事故調査制度の利用実態[28]

1．医療事故報告及び院内調査結果報告の件数

※ ＜累計期間：平成27年10月〜平成30年12月＞

【医療事故報告件数】

○病院・診療所別

	病院	診療所	計
前月まで	1,129	71	1,200
12月	33	1	34
累計	1,162	72	1,234

○診療科別

	外科	内科	消化器科	整形外科	循環器内科	産婦人科	心臓血管外科	脳神経外科	泌尿器科	小児科	その他	計
前月まで	203	145	103	102	89	72	68	68	46	39	265	1,200
12月	4	7	2	1	2	1	4	3	0	0	10	34
累計	207	152	105	103	91	73	72	71	46	39	275	1,234

○地域別

	北海道	東北	関東信越	東海北陸	近畿	中国四国	九州	計
前月まで	64	75	449	174	186	89	163	1,200
12月	1	1	13	2	7	5	5	34
累計	65	76	462	176	193	94	168	1,234

【院内調査結果報告件数】

	報告件数
前月まで	874
12月	34
累計	908

2．相談件数

		相談件数	内容による集計（複数計上）						
			医療事故報告		院内調査	センター調査	再発防止	その他	計
			判断※	手続き					
前月まで		6,098	2,529	1,776	1,242	374	20	911	6,852
12月	医療機関	70	10	42	19	4	1	6	82
	遺族等	73	54	0	8	6	0	14	82
	その他・不明	9	0	0	1	0	0	8	9
累計		6,250	2,593	1,818	1,270	384	21	939	7,025

※ 制度開始前の事例や生存事例に関する相談が含まれる。

3．センター調査対象及び調査結果報告の件数

	遺族	医療機関	計
前月まで	62	16	78
12月	3	0	3
累計	65	16	81

	報告件数
前月まで	11
12月	2
累計	13

28　https://www.medsafe.or.jp/uploads/uploads/files/houdoushiryo20190109.pdf

❻ ADR 手続

　ADR とは、裁判外紛争解決手続といい、訴訟によらない紛争解決手続のことをいいます。現在、東京弁護士会をはじめ日本各地の12の弁護士会が医療 ADR を実施しています。

　弁護士会の ADR は、医療訴訟に精通した弁護士があっせん人となり、医療機関・患者双方の話し合いを中立的立場から関与し、解決に導く制度です。ADR 手続は、白黒をつける裁判手続とは異なり、当事者の話し合いによる自主的な解決を目指すものとなります。

　メリットとしては、損害賠償請求権の有無のみを争点とする裁判とは違いさまざまな事項を話し合うことができることや、裁判を行うよりも費用面では安価であることなどがあります。

コラム

医療 ADR の具体例

Column

　前立腺がんで全摘手術を受けた患者が、入院中に病院側のミスでカテーテルが抜けたことが原因で、尿漏れが 1 年も止まらなかったので、病院を相手に医療 ADR を申し立てた事案において、3 回目の期日で双方納得の和解（患者は200万円の和解金の支払いを受け、その後もその病院に通院し治療を続けるという内容）が成立した例があります[29]。

　かかる事例では、訴訟に比べて早期に解決したことや、解決内容が患者のニーズに合致したもの（患者は200万円の和解金の支払いを受け、その後もその病院に通院し治療を続けるという内容）であった点が特色に挙げられます。

29　東京弁護士会　紛争解決事例「解決事例1　ウィンウィンの医療事件」（https://www.toben.or.jp/bengoshi/adr/jirei.html）

第5章

情報管理に関する諸問題

第1節 医療機関における個人情報管理

外部からの問い合わせ

Q 患者・利用者の近親者を名乗る人から、「そこの施設・病院には○○○○はいますか？」と聞かれました。この場合、勝手に利用者・患者がいるかどうかについて教えてしまって良いのでしょうか。

A 患者・利用者の氏名や入院・入所の事実については個人を特定する情報に該当する内容になりますので、原則として患者・利用者や家族の承諾がなければ患者・利用者の個人情報を外部に教えることはできません。

そのため、その場で個人情報を教えるのではなく、相手の名前、属性及び連絡先を聞き取った上で、患者・利用者やその家族に伝えるなどの対応をするべきです。

1 患者・利用者の個人情報の取扱い

［1］個人情報の開示

患者・利用者の氏名は、特定の個人を識別できる情報として「個人情報」（個人情報保護法2条1項）に該当します。

また、患者・利用者の病状や状態に関する情報は、不当な差別や偏見その他の不利益が生じるおそれがあり、その取扱いに特に配慮を要する情報として「要配慮個人情報」[30]（個人情報保護法2条3項）に該当します。

個人情報や要配慮個人情報を第三者に開示するためには、原則として本人の同意（個人情報保護法23条本文）が必要となります。

もっとも、例外的に「人の生命、身体又は財産の保護のために必要がある場合であって、本人の同意を得ることが困難であるとき」（個人情報保護法23条1項2号）には、本人の同意がなくとも氏名を伝えることができると考えられます。

　なお、本人の同意を得る方法については、法令上の規定はありませんので、文書による方法のほか、口頭、電話による方法なども認められますが、介護施設においては、介護保険法に基づく指定基準により、サービス担当者会議等において、利用者又はその家族の個人情報を使用する場合は、利用者及び家族から文書による同意を得ておく必要があります。

［2］電話での問い合わせ

　電話による問い合わせは、対面での問い合わせとは異なり、受付で身分証明書等により本人確認をすることができないため、特に注意が必要です。

　電話にて患者・利用者の存否の確認を求められた場合の基本的な対応方法としては、患者・利用者の氏名が個人情報に該当する以上、電話で回答する前に患者・利用者の同意を取得する必要があります。

　そこで、電話相手に対して、患者・利用者の存否の確認について、すぐには回答できないことを伝えるとともに、電話相手の氏名、属性及び連絡先等を聞き取っておき、確認次第、連絡する旨伝える方法により対応することが考えられます。

　基本的には、患者・利用者から同意を得た上で、情報を開示することとなりますが、あらかじめ患者・利用者から面会者を含む外部からの問い合わせに対し、個人情報の開示に関する回答をやめてほしい旨の要望があっ

30　医療・介護関係事業者が取り扱う「要配慮個人情報」の具体的な内容としては、診療録等の診療記録や介護関係記録に記載された病歴、診療や調剤の過程で、患者の身体状況、病状、治療等について、医療従事者が知り得た診療情報や調剤情報、健康診断の結果及び保健指導の内容、障害（身体障害、知的障害、精神障害等）の事実、犯罪により害を被った事実などがあります。

第5章　情報管理に関する諸問題　　67

た場合には、医療・介護関係事業者は特段の事情がない限り、外部の者に対して回答することはできません。

　また、患者・利用者から特段の申し出がない場合であっても、外部の者が、患者・利用者が入院・入所していることを前提に面会に来ていることが確認できるときに、院内の案内として病室や居室を教えるなどの限定的な回答は許容されるものの、入院・入所の有無を含めた個別具体的な問い合わせに回答することは、積極的に個人情報を開示することとなり、個人情報保護法に違反する可能性があります。

　例外的な対応を含め、職員によって対応が異なることがないよう、統一的な取扱いを定めておくことが重要であり、あらかじめ、患者・利用者に対して、面会の問い合わせなど外部からの問い合わせに回答しても良いかを確認しておくことが望ましいです。

2 本人の同意を得ない開示の具体例

［1］ 生命・身体・財産保護の必要性がある場合

　医療機関において、運ばれてきた患者が意識不明の状態にあり、患者本人の血液型などの重要な情報すら得られない場合において、電話相手が患者の特徴を具体的に説明できるなど電話相手が患者の家族等であると明確に確認できる場合には、医師の判断により、氏名を含めた詳細な情報提供を行うことは例外的に可能であると考えられます。

　同様に、大規模災害によって、身元が確認できない多数の患者が、医療機関に分散して搬送されているようなケースにおいて、災害の規模を勘案して、本人の同意を得るための作業を行うことが著しく不合理である場合には、本人の安否を家族等の関係者に伝えることも例外的に可能であると考えられます。

　また、患者・利用者があらかじめ家族等へ病状等の説明をしないように

68　　第I部　医療

医療機関に求める場合であっても、医師が、本人又は家族等の生命、身体又は財産の保護のために必要であると判断する場合であれば、例外的に、第三者である家族等へ説明することは可能です。

［2］親権者の場合

患者が未成年であった場合、その患者の親が、親であることを理由に子供の個人情報の開示を請求してきても、開示についての代理権（親権者や法定代理人）が与えられていない場合には、原則として医師は、情報を開示しないことができます。

しかし、未成年の患者が違法薬物などを使用している場合や、妊娠しているなどの事情がある場合には、医師の判断により、代理権が与えられていない親に当該事実を開示することも可能です。最終的には、医師が、患者の具体的な病状や状況を鑑みて開示不開示の決定を行うこととなります。

コラム

病歴を聞き取ることはどうか

個人情報を第三者に開示する場合と同様に、要配慮個人情報を取得する場合には、取得に際して本人の同意が原則として必要となります（個人情報保護法17条2項本文）。

例外的に、人の生命、身体又は財産の保護のために必要がある場合であって、本人の同意を得ることが困難であるときには、本人の同意を得ることなく、第三者から情報を取得することができます（同条2項2号）。

例えば、急病その他の事態が生じたときに、患者が意識不明であれば、治療のために本人の病歴等の個人情報を本人から取得することは困難であるといえ、医師や看護師などの医療従事者が、本人の家族や友人から病歴等を聴取する場合には、例外的に要配慮個人情報を取得することができます。

なお、このような場合、本人の意識が回復した後に、家族や友人から取得した情報の内容と、取得した理由と経緯について本人に説明するべきです。

第5章　情報管理に関する諸問題　　69

遵守するべき法令等

 医療・介護関係事業者における情報管理体制について、遵守するべき法令やガイドラインを教えてください。

 医療・介護関係事業者における個人情報を含む情報の管理体制として、以下の法令やガイドラインを遵守する必要があります。
- 個人情報保護法、基本方針、施行令、施行規則
- 個人情報保護法ガイドライン（通則編）
- 独立行政法人等の保有する個人情報の保護に関する法律第4章の2の規定による独立行政法人等非識別加工情報の提供に関する規則及び独立行政法人等の保有する個人情報の保護に関する法律についてのガイドライン（独立行政法人の場合）
- 医療・介護関係事業者における個人情報の適切な取扱いのためのガイダンス
- 「医療・介護関係事業者における個人情報の適切な取扱いのためのガイダンス」に関するQ＆A（事例集）

1 情報管理体制

　医療・介護関係事業者は、さまざまな個人情報を保有しています。具体的には、患者・利用者の個人情報（氏名、生年月日、被保険者証や高齢受給者証の記号、番号及び保険者番号、診療録等の診療記録や介護関係記録に記載された病歴等）や医師、歯科医師、薬剤師、看護師、介護職員、事務職員等の従業者の情報及び仕入先業者等の従業者の情報等など多岐にわたります。

　医療・介護関係事業者は、事業者の規模や従業者の数等の個別具体的な状況に応じて、これらの個人情報を含む書類の管理体制について構築する必要があります。

　例えば、すべての医療・介護関係事業者が、施錠可能な場所への情報保

管が義務づけられているわけではありませんが、個人情報を多く扱う事業者であれば、施錠だけではなくICカードによる入室システム等の導入が必要と考えられる場合もあります。

　医療・介護関係事業者において、自らの事業規模や現在の個人情報の取扱い方針を踏まえ、個人データの種類に応じて、適切な管理方法を検討し、適切な安全管理措置を講ずる必要があります（具体的な情報管理体制について83ページ参照）。

2 情報漏えい原因に応じた情報管理体制の構築

　一般的に、情報漏えいの原因としては、以下のような原因が考えられます[31]。

> A．誤操作
> B．紛失・置き忘れ
> C．不正アクセス
> D．管理ミス
> E．不正な情報持ち出し
> F．盗難
> G．設定ミス
> H．内部犯罪・内部不正行為
> I．バグ・セキュリティホール
> J．ワーム・ウイルス

　これらの漏えい原因のうち、実際に生じた情報漏えいの半分以上がA.

31　NPO日本ネットワークセキュリティ協会セキュリティ被害調査ワーキンググループ・長崎県立大学情報システム学部情報セキュリティ学科「2017年　情報セキュリティインシデントに関する調査報告書」

誤操作、B．紛失・置き忘れであり、人為的なミスが原因となっています。そのため、医療・介護関係事業者内部において各漏えい原因に応じた個別具体的な対策を策定しておく必要があります。

　具体的には、貼り紙などを利用して注意喚起を行うことや、USBメモリーなどの外部機器の接続を制限するなどにより、担当者の意識改善を行うことが重要です。

３ 個人情報取扱方針・プライバシーポリシーの策定

　個人情報の重要性を踏まえ、患者、利用者はもちろんのこと、従業員及びその家族、退職者等の個人情報について、インターネットサイトなどで個人情報取扱（保護）方針やプライバシーポリシー[32]を公表するべきです。

　具体的には、医療・介護関係事業者が保有する患者、利用者、従業員及びその家族、退職者等の個人情報に関して、個人情報の具体的な内容に応じた利用目的、利用範囲、開示範囲を公表するべきです。

４ 個人情報相談窓口

　個人情報保護法35条では、「個人情報取扱事業者は、個人情報の取扱いに関する苦情の適切かつ迅速な処理に努めなければならない。」と規定されています。

　そのため、個人情報取扱事業者である医療・介護関係事業者は、個人情報の取扱いに関して、患者・利用者等から苦情の申し出があった場合、適切かつ迅速な対応に努めなければならず、そのために必要な体制の整備に努める必要があります。

　また、個人情報の取扱いに関して、患者・利用者等が疑問に感じた内容

32　個人情報保護委員会「個人情報の保護に関する基本方針（平成28年２月19日一部変更）」

を、いつでも、気軽に問い合わせできるような窓口機能等を確保すること
が重要です。

① 相談窓口について院内掲示等により広報し、医療・介護関係事業者
として患者・利用者等からの相談や苦情を受け付けていることを広く
周知すること

② 専用の相談スペースを確保するなど相談しやすい環境や雰囲気をつ
くること

③ 担当職員に個人情報に関する知識や事業者内の規則を十分理解させ
るとともに、相談内容の守秘義務を徹底するなど、窓口の利用に伴う
患者・利用者等の不安が生じないようにすることなどに配慮する必要
があります。

第5章 情報管理に関する諸問題　73

コラム　Column

2015（平成27）年個人情報保護法
改正（2017年5月30日施行）

① 　個人情報保護法の保護対象範囲に、「個人識別符号」「要配慮個人情報」
が新設されました。また、定義として「匿名加工情報」も追加されました。

・個人識別符号…その情報のみで特定の個人を識別することができるもの

　　　　　　［具体例］健康保険証番号、パスポート番号、運転免許証番号、マイ

　　　　　　　　　　　ナンバー

・要配慮個人情報…本人の人種・信条・社会的身分・病歴・犯罪の経歴・

　犯罪被害の事実など、人に知られると不利益を被るおそれのある情報

・匿名加工情報…個人情報を特定の個人の情報であることをわからない

　状態に加工して匿名化した情報

② 　改正以前には、取り扱う個人情報が5,000件以下の事業者は、個人情
報保護法の適用対象外でしたが、本改正によって、これらの事業者も個
人情報保護法の適用対象になりました。

③ 　情報を第三者に提供する場合は、情報を追跡できるように記録を保存
する義務が新設されました。

④ 　不正に利益を得る目的で個人情報を漏らす行為に対し罰則規定が新設
されました（6カ月以下の懲役又は30万円以下の罰金）。

⑤ 　一定の条件下で本人の同意を得ずに、個人情報を第三者に提供する［オ
プトアウト］をする場合は、「個人情報保護委員会」への届出が義務化
されました（2017年3月1日から）。

⑥ 　これまで個人情報が流出した場合の対応は、流出させた企業（事業者）
を所管する省庁で対応してきましたが、改正後は内閣府の外局である「個
人情報保護委員会」に一元化されています。

職員による SNS 発信

Q 最近、SNS を利用した多くのトラブルが起こっています。職員による個人情報の流出を防ぐために、SNS の利用を制限することはできるのでしょうか。

A SNS の利用を一切制限することは、過度に私生活の状況を規制（監視）することとなるため、過度な権利侵害として認められません。しかし、業務に関連する情報発信など一定の場合において SNS の利用を制限することは認められます。

■ SNS の利用

［1］ SNS の禁止

本来、SNS を利用することは個人の自由であり、SNS の利用の一切禁止や、SNS アカウントの事前届出などを就業規則等において規定することについては、過度に私生活の状況を規制（監視）することとなり、無効となる可能性が高いと考えられます。

［2］ SNS 利用の一定の制限[33]

他方、秘匿性のある業務内容や、契約上守秘義務を負っている職務内容について、従業員が第三者に開示することは許されませんので、これらの情報を含んだ内容を開示するような態様での SNS 利用は禁止することができると考えられます。また、就業規則に定められた業務時間においては、職務専念義務があるため、SNS の利用を一定時間制限することは可能と考えられます。

したがって、SNS の利用を一定程度制限する場合には、就業規則等の

33　総務省人事・恩給局「国家公務員のソーシャルメディアの私的利用に当たっての留意点」

整備とともに、SNS利用のガイドラインを策定し、従業員に対して、SNSへの書き込みに関する研修を行うとともに、従業員からSNSへの書き込みに関する誓約書を提出させるなど事前の周知が重要となります。

2 秘密漏示に関する罰則

[1] 医療関係資格者[34]

資格者	罰則
医師	6カ月以下の懲役又は10万円以下の罰金（刑法134条1項）
歯科医師	6カ月以下の懲役又は10万円以下の罰金（刑法134条1項）
薬剤師	6カ月以下の懲役又は10万円以下の罰金（刑法134条1項）
保健師	6カ月以下の懲役又は10万円以下の罰金（保健師助産師看護師法42条の2、第44条の3）
助産師	6カ月以下の懲役又は10万円以下の罰金（刑法134条1項）
看護師	6カ月以下の懲役又は10万円以下の罰金（保健師助産師看護師法42条の2、44条の3）
准看護師	6カ月以下の懲役又は10万円以下の罰金（保健師助産師看護師法42条の2、44条の3）
診療放射線技師	50万円以下の罰金（診療放射線技師法29条、35条）
臨床検査技師	50万円以下の罰金（臨床検査技師、衛生検査技師等に関する法律19条、23条）
理学療法士	50万円以下の罰金（理学療法士及び作業療法士法16条、21条）
視能訓練士	50万円以下の罰金（視能訓練士法19条、23条）
臨床工学技士	50万円以下の罰金（臨床工学技士法40条、47条）
義肢装具士	50万円以下の罰金（義肢装具士法40条、47条）
救急救命士	50万円以下の罰金（救急救命士法47条、54条）
言語聴覚士	50万円以下の罰金（言語聴覚士法44条、50条）
歯科衛生士	50万円以下の罰金（歯科衛生士法13条の6、19条）

34　厚生労働省「医療・介護関係事業者における個人情報の適切な取扱いのためのガイドライン（案）『別表4　医療関係資格、介護サービス従業者等に係る守秘義務等』」

歯科技工士	50万円以下の罰金（歯科技工士法20条の2、31条）
あん摩マッサージ指圧師	50万円以下の罰金（あん摩マッサージ指圧師、はり師、きゆう師等に関する法律7条の2、13条の7）
はり師	50万円以下の罰金（あん摩マッサージ指圧師、はり師、きゆう師等に関する法律7条の2、13条の7）
きゆう師	50万円以下の罰金（あん摩マッサージ指圧師、はり師、きゆう師等に関する法律7条の2、13条の7）
柔道整復師	50万円以下の罰金（柔道整復師法17条の2、29条）
精神保健福祉士	1年以下の懲役又は30万円以下の罰金（精神保健福祉士法40条、44条）

［2］介護サービス事業者等

事業者等	罰　　則
指定市町村事務受託法人の役員もしくは職員	1年以下の懲役又は100万円以下の罰金（介護保険法24条の2第3項、205条2項）
指定都道府県事務受託法人の役員もしくは職員	1年以下の懲役又は100万円以下の罰金（介護保険法24条の3第2項、205条2項）
市町村の委託を受けて指定居宅介護支援事業者等	1年以下の懲役又は100万円以下の罰金（介護保険法28条7項、205条2項）
介護支援専門員	1年以下の懲役又は100万円以下の罰金（介護保険法69条の37、205条2項）

［3］個人情報の漏えいと個人情報保護法

　個人情報保護法では、個人データの漏えいが発生した場合において、事業者が安全管理措置や従業者への監督義務を適切に行っていたか否かについての責任が規定されています。

　なお、加えて、漏えい等により権利を侵害された者から民事上の責任（不法行為及び使用者責任）を問われる可能性もあります。

個人情報保護法における罰則（個人情報保護法84条）

　個人情報の漏えいが疑われる場合には、個人情報保護委員会は事業者に対して、必要に応じて報告を求めることや、立入検査を行うことができます。この際、指導・助言、勧告を行うことができます。

　また、個人情報保護委員会は、この勧告を受けた事業者が正当な理由がなくてその勧告に係る措置を取らなかった場合において個人の重大な権利利益の侵害が切迫していると認めるときは、当該事業者に対して、その勧告に係る措置を取るべきことを命令することができます（個人情報保護法42条2項）。

　さらに、個人情報保護委員会は、事業者が42条3項において定める特定の条項（16条、17条…）に違反しているか、又は個人の重大な権利利益を害する事実があるため緊急に措置を取る必要がある場合も同様に必要な措置を取るべきことを命令することができます（同条3項）。

　これらの命令に違反した者は、6カ月以下の懲役又は30万円以下の罰金に科されることとなります。

コラム

病院関係者による情報漏えい

Column

1．医師が事前の同意なく患者情報を漏えいさせた事件（さいたま地判平成22年3月4日判時2083号112頁）

会社で業務に従事していた際に負傷した従業員が、病院において医師の診察・治療を受けるとともに、会社に対して損害賠償を請求する訴訟を提起していたところ、医師が会社の担当者に当該従業員の診療情報を漏えいしたことにより精神的苦痛を被ったと主張して、医師及び病院に対してそれぞれ損害賠償を求めた。

裁判所は、医師が職務上知り得た患者の秘密について、正当な理由なくこれを漏示してはならないとした上で、患者の別件訴訟の相手方に患者の診療情報について説明をした行為は違法であると判断し、100万円の慰謝料を認めた。

2．看護師が患者の情報を漏えいさせた事件（福岡高判平成24年7月12日）

病院に入院していた娘の病状等を、同病院の看護師がその夫に漏えいし、その夫から第三者へ漏えいされたことから、精神的損害を受けたとして、慰謝料等の損害賠償を求めた。

原判決が請求を棄却したが、控訴審は、看護師の漏えい行為は、従業員として負う不作為義務に反する行為であり、これにより被控訴人の管理する秘密が漏えいされたものであるとして、病院側に110万円の慰謝料の支払いを認めた。

第5章　情報管理に関する諸問題　79

実習生受け入れに伴う情報管理

Q 実習生を受け入れることになったのですが、これまで実習生の受け入れの経験がなく、情報管理の方法についてどのようにしたら良いのかわかりません。具体的にどのような情報管理をすれば良いのでしょうか。

A 具体的な安全対策としては、実習生には名札等の着用を義務づけ、台帳等に記入することによって入退の事実を記録する等、病院への入退の記録を定期的にチェックし、個人情報の物理的保存を行っている区画への入退管理を実施することが考えられます。

　他には、情報システムへのアクセスを行うすべての職員及び関係者に対しID・パスワードやICカード、電子証明書、生体認証等、本人の識別・認証に用いる手段を用意し、情報システムへのアクセスを正当な利用者のみに限定することが考えられます。

❶ 情報管理の必要性

　個人情報保護法20条では「個人情報取扱事業者は、その取り扱う個人データの漏えい、滅失又はき損の防止その他の個人データの安全管理のために必要かつ適切な措置を講じなければならない」とされており、同法21条では「個人情報取扱事業者は、その従業者に個人データを取り扱わせるに当たっては、当該個人データの安全管理が図られるよう、当該従業者に対する必要かつ適切な監督を行わなければならない」とされています。

　実習生であっても、医療機関の従業員に準じると考えることができるため、従業者と同様に、適切な監督を行う必要があります。

❷ 具体的な情報管理

　実習生を受け入れる場合には、情報管理体制を整える必要があります。また、ICカード等のセキュリティ・デバイスに個人識別情報や暗号化鍵、

電子証明書等を格納して配布する場合は、これらのセキュリティ・デバイスが誤って本人以外の第三者の手に渡ることのないよう対策を講じる必要があります。特に、万一そのセキュリティ・デバイスが第三者によって不正に入手された場合においても、簡単には利用されないようにしていることが重要です。

　医療機関等については、実習を行うにあたり患者等の個人情報を利用する場合には、あらかじめ院内掲示等により利用目的を公表しておくか、個人情報を利用する段階で当該利用目的について患者本人から同意を得る必要があるとされています。

　また、実習を行う際には、事前に十分かつわかりやすい説明を行った上で同意を得る必要があり、その同意を患者・家族と文書で取り交わすことが望ましいとされています[35]。

　そのため、原則としては、あらかじめ実習生の受け入れについて、実習生が担当する患者・家族の同意を書面で得ておく必要があると思われます。

35　個人情報保護委員会事務局・厚生労働省「『医療・介護関係事業者における個人情報の適切な取扱いのためのガイダンス』に関する Q&A（事例集）」17頁

コラム Column

外国人技能実習制度

　昨今、外国人技能実習制度により、外国人看護師や介護福祉士の受け入れが始まっています。

　技能実習制度は、開発途上地域等への技能等の移転を図り、その経済発展を担う「人づくり」に協力することを目的とする制度です。2018（平成30）年2月28日には、前日本病院協会に対して外国人技能実習生受け入れ事業に伴う監理団体としての許可が下りるなど、医療介護分野において、外国人実習生の受け入れが始まっています。

　また、これまでも、インドネシア、フィリピン及びベトナムからの外国人看護師・介護福祉士候補者の受入れを行っている施設があり、累計受け入れ人数は3国合わせて4,700人を超えています（2017年9月1日時点）[36]。このように、今後は外国人の実習生の受入れが増加していくものと思われます。

36　厚生労働省ホームページ（https://www.mhlw.go.jp/stf/seisakunitsuite/bunya/koyou_roudou/koyou/gaikokujin/other22/index.html）

82　第I部　医療

情報管理体制

 情報管理体制が重要であることは認識していますが、具体的にはどのようなことを行えば良いのでしょうか。
　また、利用者や患者に関する資料が膨大になってきたので、今後は第三者に情報管理を委託することを検討しています。どのような点に留意すれば良いでしょうか。

 情報管理体制として組織的・人的・物理的及び技術的な安全管理措置を講ずる必要があります。特に医療機関における個人情報は、要配慮個人情報を含む秘匿性の高い内容も多く管理されているため、あらかじめ安全管理措置を周知徹底させる必要があります。
　また、第三者に情報管理を委託する場合には、委託することを周知するとともに、業者に対して守秘義務を課すなど、事前に情報漏えいを防止する対策を講ずる必要があります。

1 安全管理措置

　医療・介護関係事業者は、個人情報の漏えい、滅失又は毀損の防止その他の個人情報の安全管理措置[37]を講ずる必要があります（個人情報保護法20条）。

　具体的には、①個人情報取扱に関する基本方針の策定、②取扱い規定等の策定、③組織的安全管理措置（内部での情報漏えい事故を未然に防ぐ、内部統制体制の整備等）、④人的安全管理措置（従業者に対する個人情報の管理に関する教育・訓練等）、⑤物理的安全管理措置（入退館（室）の管理や、個人情報の盗難の防止等の措置等）、⑥技術的安全管理措置（個人情報データへのアクセス制御や、不正ソフトウェア対策等）等の体制を構築しなければな

37　個人情報保護委員会「個人情報の保護に関する法律についてのガイドライン（通則編）8（別添）講ずべき安全管理措置の内容」

りません。

　それぞれの事業規模や現在の個人情報の取扱い実態を踏まえ、個人情報の種類に応じて、適切な管理方法を検討し、その事業者に適合した安全管理措置を策定していくことが重要です。

　特に、医療・介護関係事業者における情報管理体制として、以下のガイドライン等を遵守する必要があります。

- •「医療・介護関係事業者における個人情報の適切な取扱いのためのガイドライン」
- •「医療・介護関係事業者における個人情報の適切な取扱いのためのガイダンス」
- •「医療情報システムの安全管理に関するガイドライン　第5版」

---

2 従業者の監督

　安全管理措置を構築した場合であっても、その管理体制を適切に遵守しなければ意味がありません。そのため、医療・介護関係事業者としては、従業者等に対して、必要かつ適切な監視・監督を行う必要があります。

　従業員等とは、指揮命令を受けて業務に従事する者すべてを含むものであり、雇用関係のある者のみならず、理事や、派遣労働者等も含みます[38]。

3 具体的な安全管理措置対策[39]

　以下のような、ガイドライン等に準拠した徹底した安全管理措置を講ずる必要があります。

38　医療法15条では、病院等の管理者は、その病院等に勤務する医師等の従業者の監督義務が課せられています。

39　厚生労働省「医療情報システムの安全管理に関するガイドライン　第5版」

84　　第Ⅰ部　医療

(1)　個人情報保護に関する規程の整備、公表

- 医療・介護関係事業者は、保有個人データの開示手順を定めた規程その他個人情報保護に関する規程を整備し、苦情への対応を行う体制も含めて、院内や事業所内等への掲示やホームページへの掲載を行うなど、患者・利用者等に対して周知徹底を図る。

- また、個人データを取り扱う情報システムの安全管理措置に関する規程等についても同様に整備を行うこと。

(2)　個人情報保護推進のための組織体制等の整備

- 従業者の責任体制の明確化を図り、具体的な取組みを進めるため、医療における個人情報保護に関し十分な知識を有する管理者、監督者等（例えば、役員などの組織横断的な監督が可能な者）を定める。又は個人情報保護の推進を図るための部署、もしくは委員会等を設置する。

- 医療・介護関係事業所で行っている個人データの安全管理措置について定期的に自己評価を行い、見直しや改善を行うべき事項について適切な改善を行う。

(3)　個人データの漏えい等の問題が発生した場合等における報告連絡体制の整備

　　ア．個人データの漏えい等の事故が発生した場合、又は発生の可能性が高いと判断した場合

　　イ．個人データの取扱いに関する規程等に違反している事実が生じた場合、又は兆候が高いと判断した場合における責任者等への報告連絡体制の整備を行う。

- 個人データの漏えい等の情報は、苦情等の一環として、外部から報告される場合も想定されることから、苦情への対応を行う体制との連携も図る。

(4)　雇用契約時における個人情報保護に関する規程の整備

- 雇用契約や就業規則において、就業期間中はもとより離職後も含めた守秘義務を課すなど従業者の個人情報保護に関する規程を整備し、徹底を図る。なお、特に、医師等の医療資格者や介護サービスの従事者につい

第5章　情報管理に関する諸問題　　85

ては、刑法、関係資格法又は介護保険法に基づく指定基準により守秘義
務規定等が設けられており、その遵守を徹底する。

(5) 従業者に対する教育研修の実施

- 取り扱う個人データの適切な保護が確保されるよう、従業者に対する教育研修の実施等により、個人データを実際の業務で取り扱うこととなる従業者の啓発を図り、従業者の個人情報保護意識を徹底する。

- この際、派遣労働者についても、「派遣先が講ずべき措置に関する指針」（平成11年労働省告示第138号）において、「必要に応じた教育訓練に係る便宜を図るよう努めなければならない」とされていることを踏まえ、個人情報の取扱いに係る教育研修の実施に配慮する必要がある。

(6) 物理的安全管理措置

- 個人データの盗難・紛失等を防止するため、以下のような物理的安全管理措置を行う。
  - ・入退館（室）管理の実施
  - ・盗難等に対する予防対策の実施（例えば、カメラによる撮影や作業への立会い等による記録又はモニタリングの実施、記録機能を持つ媒体の持込み・持出しの禁止又は検査の実施等）
  - ・機器、装置等の固定など物理的な保護

- 不正な操作を防ぐため、業務上の必要性に基づき、以下のように、個人データを取り扱う端末に付与する機能を限定する。
  - ・スマートフォン、パソコン等の記録機能を有する機器の接続の制限及び機器の更新への対応

(7) 技術的安全管理措置

- 個人データの盗難・紛失等を防止するため、個人データを取り扱う情報システムについて以下のような技術的安全管理措置を行う。
  - ・個人データに対するアクセス管理（ID やパスワード等による認証、各職員の業務内容に応じて業務上必要な範囲にのみアクセスできるようなシステム構成の採用等）

・個人データに対するアクセス記録の保存

・不正が疑われる異常な記録の存否の定期的な確認

・個人データに対するファイアウォールの設置

・情報システムへの外部からのアクセス状況の監視及び当該監視システムの動作の定期的な確認

・ソフトウェアに関する脆弱性対策（セキュリティパッチの適用、当該情報システム固有の脆弱性の発見及びその修正等）

(8) 個人データの保存

• 個人データを長期にわたって保存する場合には、保存媒体の劣化防止など個人データが消失しないよう適切に保存する。

• 個人データの保存にあたっては、本人からの照会等に対応する場合など必要なときに迅速に対応できるよう、インデックスの整備など検索可能な状態で保存しておく。

(9) 不要となった個人データの廃棄、消去

• 不要となった個人データを廃棄する場合には、焼却や溶解など、個人データを復元不可能な形にして廃棄する。

• 個人データを取り扱った情報機器を廃棄する場合は、記憶装置内の個人データを復元不可能な形に消去して廃棄する。

• これらの廃棄業務を委託する場合には、個人データの取扱いについても委託契約において明確に定める。

4 第三者への委託[40]

［1］ 委託先の公開

　医療・介護関係事業者は、個人情報の取扱いに関わる業務を委託する場合には、必要かつ適切な監督をしなければなりません（個人情報保護法21条、

40　個人情報保護委員会事務局・厚生労働省「医療・介護関係事業者における個人情報の適切な取扱いのためのガイダンス」

22条）。個人情報を含む個人データの取扱いを委託している場合には、その旨を掲示するなどして公表する必要があります。

　具体的には個別の事例に応じて対応が求められますが、委託する業務の内容により、患者・利用者の関心が高い分野については、委託先の事業者名をあわせて公表することも考えられます。

　他方、委託先の事業者の担当者名、責任者名等については、当該本人の個人情報になりますので、それらを公表等する場合には、本人の同意を得るなどの個別の対応も必要になります。

［2］　委託先の条件

　個人情報の取扱いに関して、委託を行う場合には、当該委託先との間で、個人情報取扱に関する秘密保持義務を課したり、具体的な取扱い等を明確化するなど、個人情報の適切な取扱いに関する取り決めを行う必要があります。

　診療情報の外部保存を行う場合には、「医療情報システムの安全管理に関するガイドライン」（平成17年3月31日医政発第0331009号・薬食発第0331020号・保発0331005号）によることとされています。

　当該ガイドラインにおいては、経済産業省が定めた「医療情報を受託管理する情報処理事業者向けガイドライン」及び総務省が定めた「ASP・SaaS事業者が医療情報を取り扱う際の安全管理に関するガイドライン」に準拠することが定められており、それぞれ「扱う情報として、法令により作成や保存が定められている文書を含む場合には、医療情報システム及び医療情報が国内法の執行が及ぶ範囲にあることを確実とすることが必要である」、「ASP・SaaSサービスの提供に用いるアプリケーション、プラットフォーム、サーバ・ストレージなどは国内法の適用が及ぶ場所に設置すること」とされています。

コラム

出入り業者と情報管理

Column

　医療・介護関係事業者に携わる業者には、個人データを直接取り扱わない業者も含まれますが、このような業者であっても、個人情報に接する可能性が考えられます。

　そのため、医療・介護関係事業者としては、すべての業者に対して、契約書中に個人情報の取扱いに関する事項を記載し、委託する業務の内容や当該事業者における個人情報の管理の現状などを勘案し、適切な内容を規定する必要があります。

各種同意の取り付け手段、利用目的の公表の方法

Q 個人情報を取得するにあたって、利用目的の公表や、本人の同意の取得はどのように行えば良いのでしょうか。何か注意すべき点があれば教えてください。

A 利用目的の公表については、患者・利用者にわかりやすい方法により公表することが必要です。また、単に公表するのみでなく、十分に利用目的を理解できるような説明を行うことが必要です。

「医療・介護関係事業者における個人情報の適切な取扱いのためのガイダンス」では、患者・利用者等に利用目的をわかりやすく示す観点から、利用目的について院内掲示等により公表することを求めています。そのため、まずは利用者にわかるように利用目的の公表を行うことが必要です。

また、医療・介護関係事業者は、下記の「医療・介護関係事業者における個人情報の適切な取扱いのためのガイダンス」の別表2を参考として、通常必要な利用目的を特定することが必要です。

そして、特定した利用目的を院内掲示等により公表する場合には、単に公表しておくだけではなく、患者・利用者等が十分理解できるよう受付時に注意を促したり、必要に応じて受付後に改めて説明を行ったりするのが良いでしょう。

また、患者・利用者等の希望があれば詳細な説明や当該内容を記載した書面の交付を行うなど、医療・介護関係事業者において個々の患者のニーズに適切に対応していくことが求められます。

「医療・介護関係事業者における個人情報の適切な取扱いのためのガイダンス」
別表2　医療・介護関係事業者の通常の業務で想定される利用目的（医療機関等の場合）

【患者への医療の提供に必要な利用目的】

〔医療機関等の内部での利用に係る事例〕

- 当該医療機関等が患者等に提供する医療サービス
- 医療保険事務
- 患者に係る医療機関等の管理運営業務のうち、
  - ・入退院等の病棟管理
  - ・会計・経理
  - ・医療事故等の報告
  - ・当該患者の医療サービスの向上

〔他の事業者等への情報提供を伴う事例〕

- 当該医療機関等が患者等に提供する医療サービスのうち、
  - ・他の病院、診療所、助産所、薬局、訪問看護ステーション、介護サービス事業者等との連携
  - ・他の医療機関等からの照会への回答
  - ・患者の診療等にあたり、外部の医師等の意見・助言を求める場合
  - ・検体検査業務の委託その他の業務委託
  - ・家族等への病状説明
- 医療保険事務のうち、
  - ・保険事務の委託
  - ・審査支払機関へのレセプトの提出
  - ・審査支払機関又は保険者からの照会への回答
- 事業者等からの委託を受けて健康診断等を行った場合における、事業者等へのその結果の通知
- 医師賠償責任保険などに係る、医療に関する専門の団体、保険会社等への相談又は届出等

第5章　情報管理に関する諸問題　　91

【上記以外の利用目的】

〔医療機関等の内部での利用に係る事例〕

• 医療機関等の管理運営業務のうち、

　・医療・介護サービスや業務の維持・改善のための基礎資料

　・医療機関等の内部において行われる学生の実習への協力

　・医療機関等の内部において行われる症例研究

〔他の事業者等への情報提供を伴う事例〕

• 医療機関等の管理運営業務のうち、

　・外部監査機関への情報提供

コラム

死亡した人物の個人情報

個人情報保護法で保護される個人情報は、生存する個人に関する情報を対象としていますので、基本的に死亡した人物の個人情報は、個人情報にあたりません。

しかし、患者・利用者が死亡した後においても、医療・介護関係事業者が当該患者・利用者の情報を保存している場合に限り、情報の漏えい等の防止のため、生存する個人の情報と同様の安全管理措置を講ずる必要があります。

また、患者・利用者が死亡した際に、遺族に対して診療情報・介護関係記録を提供する場合には、厚生労働省における「診療情報の提供等に関する指針」（平成15年9月12日医政発第0912001号）の「9　遺族に対する診療情報の提供」の取扱いに従って提供を行う必要があります。

情報が漏えいした際の対応方法

Q 個人情報の入った USB を紛失してしまいました。院内で紛失したか、院外で紛失したかわかりません。情報漏えいの可能性があるのですが、どのように対応すれば良いのでしょうか。

A 個人データの漏えい等が発生したと思われる場合には、責任者にその旨を報告し、漏えいした原因を調査する必要があります。また、その調査結果に基づき、再発防止策を講ずることが必要です。

1 情報漏えい時の対応について

　医療・介護関係事業者において個人データの漏えい等の事故が発生した場合には、「個人データの漏えい等の事案が発生した場合等の対応について」（平成29年個人情報保護委員会告示第1号）に基づき、迅速かつ適切に対応する必要があります。

　まず、事故を発見した者が事業者内の責任者等に速やかに報告するとともに、事業者内で事故の原因を調査し、影響範囲を特定して引き続き漏えい等が起きる可能性があれば、これ以上事故が起こらないよう至急対処する必要があります。

　また、関係する患者・利用者等に対して事故に関する説明を行うとともに、個人情報保護委員会（ただし、個人情報保護法47条1項に規定する認定個人情報保護団体の対象事業者である医療・介護関係事業者は、所属の認定個人情報保護団体）に報告する必要があります。さらに、このような漏えい等の事故が今後発生しないよう、再発防止策を講ずる必要があります。

　情報漏えいが発生した場合に講ずべき措置は以下のとおりです[41]。

---

41 「個人データの漏えい等の事案が発生した場合等の対応について」（平成29年個人情報保護委員会告示第1号）1頁

(1) 事業者内部における報告及び被害の拡大防止

責任ある立場の者に直ちに報告するとともに、漏えい等事案による被害が発覚時よりも拡大しないよう必要な措置を講ずる。

(2) 事実関係の調査及び原因の究明

漏えい等事案の事実関係の調査及び原因の究明に必要な措置を講ずる。

(3) 影響範囲の特定

上記(2)で把握した事実関係による影響の範囲を特定する。

(4) 再発防止策の検討及び実施

上記(2)の結果を踏まえ、漏えい等事案の再発防止策の検討及び実施に必要な措置を速やかに講ずる。

(5) 影響を受ける可能性のある本人への連絡等

漏えい等事案の内容等に応じて、二次被害の防止、類似事案の発生防止等の観点から、事実関係等について、速やかに本人へ連絡し、又は本人が容易に知り得る状態に置く。

2 報告義務について

個人情報取扱事業者は、漏えい等事案が発覚した場合は、原則として、その事実関係及び再発防止策等について、個人情報保護委員会等に対し速やかに報告することが必要です。

もっとも、漏えい等事案に係る個人データ又は加工方法等情報を第三者に閲覧されないうちにすべてを回収した場合など、実質的に個人データ又は加工方法等情報が外部に漏えいしていないと判断される場合には上記報告は不要であるとされています[42]。

なお、委託先において個人データの漏えい等の事故が発生した場合には、委託先から速やかに報告を受け、医療・介護関係事業者としても事業者内

---

42 「個人データの漏えい等の事案が発生した場合等の対応について」(平成29年個人情報保護委員会告示第1号) 3頁

における事故発生時の対応と同様に、「個人データの漏えい等の事案が発生した場合等の対応について」（平成29年個人情報保護委員会告示第1号）に基づき、迅速かつ適切に対応することが必要です。

　このためには、業務を委託する際に、委託先において個人データの漏えい等の事故が発生した場合における委託先と医療・介護関係事業者との間の報告連絡体制を整備しておくことが必要です。

第2節 記録の開示

介護記録・医療記録の作成・保存・開示

 介護記録や医療記録の作成や保管についての規制を教えてください。また、証拠保全とはどのような制度なのでしょうか。

 医療記録については、法律により5年間の保存義務が定められています。また、介護サービス提供記録については、厚生労働省令においてサービスを完結した日から2年間の保存期間を定めています。もっとも、介護サービス提供記録は、各自治体によって2年よりも長い期間の保存期間を定めていることもあります。例えば、大阪市、京都市などではサービスを提供した日から5年間の保存期間を定めています。

証拠保全とは、医療過誤事件などにおいて、訴訟の前段階において患者側にカルテや診療経過に関する資料を収集させる手続をいいます。

1 記録作成・保存期間

[1] 医療記録

「診療録であつて、病院又は診療所に勤務する医師のした診療に関するものは、その病院又は診療所の管理者において、その他の診療に関するものは、その医師において、5年間これを保存しなければならない。」（医師法24条2項）

[2] 介護記録[43]

介護記録に関しては、介護保険法や各自治体ごとに文書保存期間が定められています。もっとも、原則的には、厚生労働省令で定められていると

おり、介護サービスの完結の日から2年間の保存を行う必要があります。

2 証拠保全

［1］ 証拠保全の内容

証拠保全とは、民事訴訟において、あらかじめ証拠調べをしておかなければその証拠を使用することが困難な事情がある場合に、実施される証拠調べ手続をいいます（民事訴訟法234条以下）。

困難な事情とは、証人となるべき人が重篤な病気により、死亡する可能性がある場合や、証拠となり得る文書が滅失する可能性や、改ざんされる可能性がある場合などをいいます。証拠保全は、民事訴訟法の証拠の規定に基づき、証人尋問や書証等の手続も行うことができ、訴え提起前でも、訴え提起後でも行うことが可能です[44]。

特に、医療過誤事件のように医療機関を相手方とする訴訟においては、医療過誤の証拠となるカルテや、診療経過に関する資料のほとんどは、医療機関が保有しているため、そのような資料を改ざんされないためにも事前に証拠を集めて、医療過誤の有無を検討する必要があります。

［2］ 証拠保全の手続

実務上、証拠保全は、相手方の手元の資料を探る手段としても利用されています（証拠開示的機能）。もっとも、証拠保全の事由は、当該事案に即して具体的に主張され、かつ疎明（一応確からしいという程度）する必要があります（広島地判昭和61年11月21日判時1224号76頁）。例えば、医療機関における診療録の改ざんのおそれを証拠保全に事由とする場合にも、具体的な改ざんのおそれを一応推認させるに足りる事実を疎明しなければなりません。

---

43 「（別表1）老健局総務課介護保険指導室 標準文書保存期間基準（保存期間表）」
44 和田吉弘『基礎からわかる民事訴訟法』商事法務、2012年

証拠保全は、資料を保有する相手方に改ざんをさせないために、事前の通知はなく、証拠保全手続当日において、保全執行の数時間前に通知されることとなります。

電子カルテ導入後の紙カルテの保存期間、エコー画像の利用

Q 電子カルテを導入しましたが、従来使っていた紙カルテについては、いつまで保管すれば良いのでしょうか。また、保管しているエコー画像を文献に掲載した場合、著作権法上、問題となるでしょうか。

A 紙のカルテについては、原則として、5年間保管する必要があります。また、エコー画像自体には、著作物性が認められないかと思われますので、著作権法上の問題が生じる可能性は低いと思われます。

1 カルテの保管

　医師法24条2項によれば、「前項の診療録であつて、病院又は診療所に勤務する医師のした診療に関するものは、その病院又は診療所の管理者において、その他の診療に関するものは、その医師において、5年間これを保存しなければならない」とされており、一連の診療終了後、5年間は診療記録の保管義務があります。

　もっとも、「『医療情報システムの安全管理に関するガイドライン　第5版』に関するQ&A」によれば、「電子カルテの導入により、以前の紙の診療録がスキャナ等で適切に電子化されており、管理責任者によって保存義務の対象が電子化された診療録であると認められていれば、紙の診療録に法定上の保存義務はありません。このような処理を行わない場合は、法定の保存義務があります」と記載されています。そのため、電子カルテが適切に作成されていれば、この電子カルテを保管すれば良く、紙のカルテについては保存義務がないことになります。

　なお、これまでの診断、検査結果等の情報の真正性・正確性確保の観点から、スキャナ等で電子化して運用する場合でも、元の媒体である紙の診療録をあわせて保存することは有効であり、可能な限り、紙のカルテであっ

ても保存することが望ましいと思われます。

2 エコー画像を文献に掲載した場合の著作権法上の問題点

　著作物とは、「思想又は感情を創作的に表現したものであって、文芸、学術、美術、又は音楽の範囲に属するものをいう」とされています（著作権法2条1項1号）。

　そして、写真については、被写体の選択、シャッターチャンス、シャッタースピード・絞りの選択、アングル、ライティング、構図・トリミング、レンズ・カメラの選択、フィルムの選択、現像・焼付け等により創作性が認められ、単に被写体を写し撮ったものに過ぎない場合には、創作性が認められず、著作物性が否定される可能性が高いとされています。

　レントゲン写真は、患者を一定の位置につかせ、撮影するものですから単に被写体を写し撮ったといえ、創作性が認められず、著作物には該当しない可能性が高いと思われます。

100　　第I部　医療

コラム
著作権に関する裁判例

　レントゲン写真の著作物性に直接言及した裁判例はないですが、似たような事例として版画写真著作権事件（東京地判平成10年11月30日判タ994号258頁）があります。この事案では、原告が版画を撮影した写真について、かかる写真に著作物性が認められるか争われました。

　そして、裁判所は、問題となっている写真について、「原作品がどのようなものかを紹介するための写真において、撮影対象が平面的な作品である場合には、正面から撮影する以外に撮影位置を選択する余地がない上、右認定のような技術的な配慮も、原画をできるだけ忠実に再現するためにされるものであって、独自に何かを付け加えるというものではないから、そのような写真は、『思想又は感情を創作的に表現したもの』（著作権法2条1項1号）ということはできない」として、著作物性を否定しました。

　この裁判例からすれば、撮影位置が固定されているレントゲン写真についても、著作物性が否定される可能性は高いと思われます。

連携する医療機関との情報シェアのあり方

Q ある患者が転院することになり、これまでの診療記録等を紹介先に開示しようと思っています。開示するにあたって気をつけるべきことはありますか。

A 原則として、診療記録等を転院先に開示する場合には、患者本人からの同意が必要です。もっとも、患者本人が、転院先に紹介状を持参した場合などは、同意が得られたものと考えることができます。また、同意を得た場合であっても、安全管理措置を取ることが必要になります。

◼ 診療記録の提供

　診療記録は、患者の診療情報等は個人データに該当するため、第三者提供にあたっては、原則として本人の同意が必要です（個人情報保護法23条1項本文）。そのため、転院する紹介先に氏名、住所等を提供する場合には、あらかじめ患者本人の同意を得た上で、同意を得た範囲の患者の個人データを転院先の病院に提供することが必要になります。

　医療機関等においては、より良い医療を受けるために、当該傷病を専門とする他の医療機関の医師等に指導、助言等を求める必要が生じたり、患者の都合により転院する必要が生じたりすることは日常的茶飯事です。

　また、その費用を公的医療保険に請求する場合等、患者の傷病の回復等そのものが目的ではないものの、医療の提供には必要な利用目的として提供する場合もあります。

　「医療・介護関係事業者における個人情報の適切な取扱いのためのガイドライン」では「第三者への情報の提供のうち、患者の傷病の回復等を含めた患者への医療の提供に必要であり、かつ、個人情報の利用目的として院内掲示等により明示されている場合は、原則として黙示による同意が得

られているものと考えられる」としています[45]。そのため、医療機関としては、上記の目的で使用する旨を院内に掲示しておくことが有益でしょう。

このような掲示をしていない場合には、本人から、第三者提供についての同意を得ることが必要です。

そのほかに、患者本人の同意が得られたといえる場合としては、他の医療機関宛てに発行した紹介状等を本人が持参する場合、医療機関等において他の医療機関等への紹介状、処方せん等を発行し、当該書面を本人が他の医療機関等に持参したとき等には、当該第三者提供については、本人の同意があったものとして当該書面の内容に関し、医療機関等との間での情報交換を行うことについて同意が得られたものとみなされます[46]。

2 情報提供の方法

個人情報取扱事業者は、その取り扱う個人データの漏えい、滅失又は毀損の防止その他の個人データの安全管理のために必要かつ適切な措置を講じなければならないとされています（個人情報保護法20条）。そのため、転院先への診断書等の情報提供の方法は、書類の郵送、電子ディスクの郵送、通信回線による電子送信等、さまざまな方法が考えられますが、いずれの場合でも安全管理措置の徹底が必要です。

特に、IoT機器を用いて患者情報を取り扱う場合には、リスク分析を行い、セキュリティを十分に確保する必要があります。

45　厚生労働省「医療・介護関係事業者における個人情報の適切な取扱いのためのガイドライン」24頁
46　厚生労働省「医療・介護関係事業者における個人情報の適切な取扱いのためのガイドライン」25頁

保有個人データの開示方法、費用請求における妥当な金額

Q 病院が保管している個人情報を開示する場合、どのような方法で開示すれば良いのでしょうか。また、開示にあたって、いくらかお金を請求しても良いのでしょうか。

A 開示の方法は、書面の交付又は請求を行った者が同意した方法によることとされていますので、書面によるほか、開示の請求を行った方と相談した上で、開示の方法を定めることも可能です。なお、「診療情報の提供等に関する指針」では、診療記録の開示の際、患者等が補足的な説明を求めたときは、医療従事者等はできる限り速やかにこれに応じなければならず、この場合にあっては、担当の医師等が説明を行うことが望ましいとされています。

個人情報保護法では、実費を勘案して合理的と認められる範囲内であれば手数料を徴収できることとされていますので、費用を請求することは可能です。もっとも、具体的な金額は、個別の事例に応じて判断が異なります。

1 開示方法

　個人情報保護法28条1項は、「本人は、個人情報取扱事業者に対し、当該本人が識別される保有個人データの開示を請求することができる」と定めており、同法施行令9条では「法第28条第2項の政令で定める方法は、書面の交付による方法（開示の請求を行った者が同意した方法があるときは、当該方法）とする」とされています。

　そのため、原則として、医療・介護関係事業者は、本人から、当該本人が識別される保有個人データの開示の請求を受けたときは、本人に対し、書面の交付による方法等により、遅滞なく、当該保有個人データを開示しなければなりません。

❷ 費用の請求

　個人情報保護法33条１項によれば、「個人情報取扱事業者は、第27条第２項の規定による利用目的の通知を求められたとき又は第28条第１項の規定による開示の請求を受けたときは、当該措置の実施に関し、手数料を徴収することができる」と定められており、同２項では、「個人情報取扱事業者は、前項の規定により手数料を徴収する場合は、実費を勘案して合理的であると認められる範囲内において、その手数料の額を定めなければならない」とされております。そのため、開示請求に際して、手数料を徴収することは可能ですが、事前に合理的な範囲で手数料を定める必要があります。

　「医療機関における診療録の開示に係る実態調査について（協力依頼）」（平成29年９月25日付け厚生労働省医政局医事課長事務連絡）による調査の結果によれば、全国の特定機能病院及び大学病院（87病院）に対して調査を行ったところ、開示に要する費用については、「999円以下」が67％、「2,000円～2,999円」が２％、「3,000円～3,999円」が15％、「5,000円以上」が16％（※白黒１枚を請求した場合の費用を集計）という結果が出ています。

　そのため、今後個人情報を開示する場合の費用については、上記の結果を参考に費用を定めるのが良いでしょう。

第５章　情報管理に関する諸問題　　105

個人情報保護法上の違法性阻却事由

仮に、患者の同意なく個人情報を開示した場合であっても、違法性がなくなる余地はあるのでしょうか。

原則としては、本人の同意を得て個人情報を開示する必要がありますが、法律に基づく場合など、一定の要件を満たせば、個人情報保護法違反にはなりません。

1 個人情報保護法上の違法性

本人の同意なく情報を開示した場合には、同法23条1項本文に反することになり、個人情報保護委員会からの命令にも従わない場合には、6月以下の懲役又は30万円以下の罰金に処されます（個人情報保護法84条）。

個人情報保護法23条1項によれば、①法令に基づく場合、②人の生命、身体又は財産の保護のために必要がある場合であって、本人の同意を得ることが困難であるとき、③公衆衛生の向上又は児童の健全な育成の推進のために特に必要がある場合であって、本人の同意を得ることが困難であるとき、④国の機関もしくは地方公共団体又はその委託を受けた者が法令の定める事務を遂行することに対して協力する必要がある場合であって、本人の同意を得ることにより当該事務の遂行に支障を及ぼすおそれがあるときには、本人の同意がなくとも情報を開示することができるとしています。

例えば、警察や検察等捜査機関からの照会や事情聴取は、個人情報保護法23条1項1号の「法令に基づく場合」に該当し、患者本人の同意を得ずに回答しても同法違反とはなりません。また、災害発生時等における照会については同法23条1項4号に該当すると考えられることから、これらに関する取扱いを変更する必要はなく、従来どおりの対応が可能と考えます。

2 民事的責任の有無

　上記照会や事情聴取により求められた患者の状況その他の医療情報を患者本人の同意なく提供することが民法上の不法行為を構成することは、通常は考えにくいと思われます。

　もっとも、求められた情報以外の情報を提供した場合には、損害賠償を請求されるおそれも否定できません。照会や事情聴取に応じ警察や検察等捜査機関に対し個人情報を提供する場合には、当該情報提供を求めた捜査官の役職、氏名を確認するとともに、その求めに応じ提供したことを後日説明できるようにしておくことが必要と思われます。

コラム

情報開示に関する裁判例

Column

　病院側が、患者の同意なく診断情報を開示した行為について、損害賠償請求が認められた裁判例としては、「さいたま地裁川越支部平成22年3月4日判決」があります。上記裁判例からすれば、情報を開示した医師及び病院に責任が生じる可能性がありますので、注意が必要です。上記裁判例の概要は、以下のとおりです。

【事案】

　就労中に怪我を負った原告が、原告が勤務していた会社に損害賠償請求訴訟を提起したところ、原告が診察及び治療を受けた被告医師が、会社担当者に原告の診療情報を漏えいしたことにより精神的苦痛を被ったとして、被告病院及び被告医師に対して損害賠償請求をした事案。

【判旨の要約】

　被告医師が、原告のMRIに関する詳細な所見及び原告の症状の原因はと労災事故との因果関係はないとの被告医師の医学的判断を訴外会社側に漏示した行為について、「被告医師は、診療情報を原告の事前の同意なく漏示した不法行為に基づき、被告病院は、被告病院の代表者である被告医師がその職務を行うについて原告に損害を与えた不法行為による損害賠償（医療法68条、一般社団法人及び一般財団法人に関する法律78条）として、連帯して、原告の上記損害を賠償すべき義務がある」と判示しました。

第3節 患者のプライバシー保護

重症で意識不明な患者の個人情報の取扱い

Q 意識不明になっている患者さんがいるのですが、珍しい症例だったため、その患者の情報を学会での発表や医学研究に活用したいと考えています。しかし、意識不明のため、本人の同意を得ることができません。その場合には、どうしたら良いのでしょうか。
　また、匿名化した情報を民間機関等に販売しても良いのでしょうか。

A 本人の同意を得ずに情報を利用する場合には、当該情報に含まれる氏名、生年月日、住所、個人識別符号等、個人を識別する情報を取り除くことで、特定の個人を識別できないようにすることが必要になります。もっとも、症例や事例により十分な匿名化が困難な場合は、本人の同意を得なければなりません。
　民間機関等への販売については、匿名加工情報としての要件が満たされていれば、問題ないかと思われます。

1 情報の匿名化

「匿名加工情報」とは、個人情報を個人情報の区分に応じて定められた措置を講じて特定の個人を識別することができないように加工して得られる個人に関する情報であって、当該個人情報を復元して特定の個人を再識別することができないようにしたものをいいます。

匿名加工情報は、本人の同意なく利用することができますので、治療に関する情報であっても、匿名化がなされていれば本人の同意なく利用することができます。

もっとも、症例や事例によっては、患者の数が少ない希少な症例の場合や顔写真を添付して症例を紹介する必要がある場合など、氏名等を消去しても特定の個人を識別できてしまう場合もあります。このような場合、当該症例に関するデータ等は「個人情報」に該当する可能性がありますので、学会での発表等にあたっては、本人の同意が必要になります。

② 匿名加工情報に関する事業者の義務

　個人情報保護法では、匿名加工情報に関する事業者の義務として、①適切な加工をすること、②安全管理措置を取ること、③一定の場合に公表義務があること、④識別行為の禁止を定めています（個人情報保護法36条、38条、同法施行規則19条）。これによれば、適切な加工方法と安全管理措置の具体例は、以下のとおりです。

[１] 適切な加工（法36条１項、規則19条）[47]

手法名	解　説
項目削除／レコード削除／セル削除	加工対象となる個人情報データベース等に含まれる個人情報の記述等を削除するもの。 例えば、年齢のデータをすべての個人情報から削除すること（項目削除）、特定の個人の情報をすべて削除すること（レコード削除）、又は特定の個人の年齢のデータを削除すること（セル削除）。
一般化	加工対象となる情報に含まれる記述等について、上位概念もしくは数値に置き換えること又は数値を四捨五入などして丸めることとするもの。 例えば、購買履歴のデータで「きゅうり」を「野菜」に置き換えること。
トップ（ボトム）コーディング	加工対象となる個人情報データベース等に含まれる数値に対して、特に大きい又は小さい数値をまとめることとするもの。 例えば、年齢に関するデータで、80歳以上の数値データを「80歳以上」というデータにまとめること。

47　個人情報保護委員会「個人情報の保護に関する法律についてのガイドライン（匿名加工情報編）」別表1

110　　第Ⅰ部　医療

ミクロアグリゲーション	加工対象となる個人情報データベース等を構成する個人情報をグループ化した後、グループの代表的な記述等に置き換えることとするもの。
データ交換（スワップ）	加工対象となる個人情報データベース等を構成する個人情報相互に含まれる記述等を（確率的に）入れ替えることとするもの。
ノイズ（誤差）付加	一定の分布に従った乱数的な数値を付加することにより、他の任意の数値へと置き換えることとするもの。
疑似データ生成	人工的な合成データを作成し、これを加工対象となる個人情報データベース等に含ませることとするもの。

［2］ 安全管理措置（法36条 2 項及び 6 項)[48]

講じなければならない措置	具体例
① 加工方法等情報を取り扱う者の権限及び責任の明確化（規則20条 1 号）	・加工方法等情報の安全管理措置を講ずるための組織体制の整備
② 加工方法等情報の取扱いに関する規程類の整備及び当該規程類に従った加工方法等情報の適切な取扱い並びに加工方法等情報の取扱状況の評価及びその結果に基づき改善を図るために必要な措置の実施（規則20条 2 号）	・加工方法等情報の取扱いに係る規程等の整備とこれに従った運用 ・従業員の教育 ・加工方法等情報の取扱状況を確認する手段の整備 ・加工方法等情報の取扱状況の把握、安全管理措置の評価、見直し及び改善
③ 加工方法等情報を取り扱う正当な権限を有しない者による加工方法等情報の取扱いを防止するために必要かつ適切な措置（規則20条 3 号）	・加工方法等情報を取り扱う権限を有しない者による閲覧等の防止 ・機器、電子媒体等の盗難等の防止 ・電子媒体等を持ち運ぶ場合の漏えい等の防止 ・加工方法等情報の削除並びに機器、電子媒体等の廃棄 ・加工方法等情報へのアクセス制御 ・加工方法等情報へのアクセス者の識別と認証

---

48 個人情報保護委員会「個人情報の保護に関する法律についてのガイドライン（匿名加工情報編）」別表 2

第 5 章 情報管理に関する諸問題 　**111**

| | ・外部からの不正アクセス等の防止 |
| | ・情報システムの使用に伴う加工方法等
　情報の漏えい等の防止 |

❸ 研究機関における注意点

　大学その他の学術研究を目的とする機関もしくは団体又はそれらに属する者が学術研究の用に供する目的で個人情報等を取り扱う場合は、個人情報保護法の適用を受けません。

　ただし、当該学会発表等が学術研究の一環として行われる場合には、学会等関係団体が定める指針に従うこととなります（個人情報保護法76条3項）。

　さらに、医学研究分野に関しては、「人を対象とする医学系研究に関する倫理指針」など、「医療・介護関係事業者における個人情報の適切な取扱いのためのガイダンス」別表5に掲げる3つの医学研究に関する指針が策定されており、これらの指針に該当する研究は、当該指針の内容に従う必要があります。

　「医療・介護関係事業者における個人情報の適切な取扱いのためのガイダンス」別表5に掲げられている指針は、以下のとおりです。

- 「ヒトゲノム・遺伝子解析研究に関する倫理指針」（平成16年12月28日文部科学省・厚生労働省・経済産業省告示第1号）
- 「遺伝子治療等臨床研究に関する指針」（平成16年12月28日文部科学省・厚生労働省告示第2号）
- 「人を対象とする医学系研究に関する倫理指針」（平成26年文部科学省・厚生労働省告示第3号）

❹ 民間企業への販売

　匿名加工情報を有償で第三者に提供できるかについて、第三者提供の具体的な方法については、個人情報保護法上規定がなく、同法上の規制はありません。そのため、民間企業に匿名加工情報を販売することは、個人情報保護法上は可能です。

　もっとも、個人情報保護法37条によれば、「匿名加工情報取扱事業者は、匿名加工情報（自ら個人情報を加工して作成したものを除く。以下この節について同じ。）を第三者に提供するときは、個人情報保護委員会規則で定めるところにより、あらかじめ、第三者に提供される匿名加工情報に含まれる個人に関する情報の項目及びその提供の方法について公表するとともに、当該第三者に対して、当該提供に係る情報が匿名加工情報である旨を明示しなければならない。」とされており、かかる旨を明示する必要があります。

呼び出しの名称

Q 私の働いている病院では、患者さんを名前で呼び出していますが、個人情報保護の観点から番号札の導入を検討しています。呼び出しの名称については、どのような取扱いがなされるべきでしょうか。

A 病院での呼び出し方法について、具体的に規定した法令等は存在しませんが、患者の氏名は、個人を識別できる情報として個人情報に該当するため、患者のプライバシーを保護する観点から、番号札制度の導入などできるだけ名前を呼ばずに呼び出しを行うべきです。
番号札の導入が難しい場合であれば、氏名での呼び出し以外の方法も対応可能である旨の掲示を、患者さんのわかりやすい所（受付など）に配置するなどして、個別に番号での呼び出しを行うなどの対応をするべきです。

1 患者の氏名

「個人情報」（個人情報保護法2条1項）とは、氏名、生年月日、その他の記述等により特定の個人を識別することができるもの（他の情報と容易に照合することができ、それにより特定の個人を識別することができるものを含む）をいいます。

患者の氏名は、氏名という特定の個人を識別できる情報として、個人情報保護法で保護される「個人情報」に該当します。

2 患者の呼び出し方法

病院での患者の呼び出し[49]は、外来患者の取り違えを防止することだけではなく、入院患者にとっての自分の病室の確認や、患者の見舞いに来た

49　個人情報保護委員会事務局・厚生労働省「『医療・介護関係事業者における個人情報の適切な取扱いのためのガイダンス』に関するQ&A（事例集）」

人にとっては有益な一面もあります。

　患者の氏名は個人情報ではありますが、人によっては、自分の氏名等を別の患者等に聞かれることについて抵抗がない人もいます。患者の年齢、通院・入院の原因となる傷病の種類等はさまざまですので、それぞれの患者の考え方に沿った対応をすることが重要となります。

　この点について、厚生労働省のガイドライン[50]においても「病院等における受付での呼び出しなどについては、患者の取り違え防止など業務を適切に実施する上で必要と考えられるが、医療におけるプライバシー保護の重要性にかんがみ、患者の希望に応じて一定の配慮をすることが望ましい」と示されています。

　具体的な対応方法としては、①名字での呼び出し方法、②番号札制度や番号での呼び出し方法、③窓口等に「当病院は、患者の取り違い防止など医療事故防止のため、お名前をお呼びしております。お名前をお呼びすることについて支障がある方はあらかじめお申し立て下さい。」と掲示し、個別の対応を周知徹底する方法が考えられます。

50　厚生労働省「医療・介護関係事業者における個人情報の適切な取扱いのためのガイドライン」

防犯カメラの設置と運用

 現在、防犯対策として防犯カメラの設置を検討しています。防犯カメラを設置・運用する上で、何か気をつけることはありますか。

 防犯カメラで撮影された映像も特定の個人が識別できる場合には、「個人情報」に該当しますので、防犯カメラの設置場所、設置台数を選定し、プライバシー侵害のないよう細心の注意をして設置する必要があります。

1 防犯カメラの設置

[1] **個人情報**

防犯カメラ映像に映っている顔等により特定の個人を識別できる場合には、その映像は「個人情報」に該当します。また、映像から特定の個人を識別するために、顔等の特徴を電子計算機の用に供するために変換した符号は「個人識別符号」に該当します。さらに、当該個人識別符号により特定の個人情報を電子計算機を用いて検索することができるように体系的に構成した個人情報を含む集合物は、「個人情報データベース等」に該当し、個人情報保護法によって保護の対象となります。

[2] **個人情報保護法における規制**[51]

監視カメラを設置して、防犯カメラ映像を記録する場合は、個人情報を取得することとなりますので、個人情報の取扱いについて、その利用目的を特定する必要があります（個人情報保護法16条）。隠し撮りなどの不正の目的や手段のもと監視カメラを利用する行為は、個人情報の不適正な取得（個人情報保護法17条1項）として禁止されています。

---

51 消費者庁「よくわかる個人情報保護のしくみ《改訂版》」

また、防犯カメラを設置して、防犯カメラ映像を記録する場合には、原則として防犯カメラを設置して、録画していることを通知又は公表する必要があります（個人情報保護法18条1項）。

もっとも、防犯目的のためにビデオカメラを設置する場合に、取得される個人情報の利用目的は、取得の状況から見て防犯目的という正当な目的であると明らかであるため、例外的に、防犯カメラの利用目的の通知又は公表をする必要がないと考えられます（個人情報保護法18条4項4号）。

2 設置上の留意点[52]

防犯カメラによって取得した個人情報の取扱いや活用については、患者・利用者が一貫した説明を受けられるように、従業員等に対する教育を実施するなど、その運用に関する取扱い方針を定めることが重要です。特に、長期入院患者や日常生活と密接に関連した住宅型老人ホームなどにおいては、防犯カメラで撮影される頻度も高く、プライバシー侵害のおそれも高いため、事前に説明を行うなどの対応が求められます。

また、患者・利用者のプライバシー保護のために、防犯カメラを設置する場合には、以下の点に留意する必要があります[53]。

---

① 防犯カメラの設置及び運用に関する管理責任者を選任すること
② 防犯カメラの設置及び運用にあたり、犯罪予防効果の向上とプライバシー保護の観点から、合理的に許容される撮影区域を設定すること
③ 防犯カメラの設置区域に、防犯カメラが設置されていることを周知すること
④ 防犯カメラの映像が、外部に流出することのないようデータサーバーの適切な管理を行うこと

---

52 IoT推進コンソーシアム・総務省・経済産業省「カメラ画像利活用ガイドブック」
53 個人情報保護委員会「個人情報の保護に関する法律についてのガイドライン（通則編）」

⑤　防犯カメラの管理に携わる職員に対しては特に秘密保持の誓約書を提
　　出させるなど、秘密保持義務を徹底させること

コラム

プライバシー侵害と防犯カメラの Column
撤去（東京地判平成27年11月5日判タ1425号318頁）

　アパートメントの共用部分にカメラ4台を設置したことがプライバシー
権を侵害しているとして、不法行為に基づき損害賠償請求及びカメラ4台
の撤去を請求した事案です。

　裁判所は、カメラの設置状況から原告らの居宅や生活道路などが、どの
ように撮影されているかについて具体的に述べた上で、原告らの玄関・勝
手口や生活道路を通行する様子が常時撮影され、原告らの日常生活が被告
に常に把握されており、原告らの社会生活上受忍すべき限度を超えるとし
て、プライバシー侵害を認定し、一部のカメラ撤去と、損害賠償の支払い
を認めました。

第6章

職員に関する諸問題

経営難を理由とする従業員の整理解雇

Q 病院の経営が非常に苦しく、人件費削減のために事務職員の削減を考えています。従業員を辞めさせることについては法律上さまざまな制限があると聞いたことがありますが、経営が苦しい場合にはどのような条件で従業員を辞めさせることができるのでしょうか。

A 経営が苦しい場合に従業員を辞めさせることを「整理解雇」と呼んでいます。整理解雇をするためには以下の4つの要件が必要であるとされています。
　① 人員整理の必要性
　② 解雇回避努力義務の履行
　③ 被解雇者選定の合理性
　④ 解雇手続の妥当性
　これらの要件を満たした場合には整理解雇が適法であると認められますので、これらの要件を満たすような形で従業員を辞めさせるように心がけてください。

1 整理解雇とは

　業績が悪くなり、事業の存続が厳しくなった場合に従業員を解雇することを「整理解雇」といいます。事業の業績が悪くなってきたからといって、いつでも労働者を整理解雇していいというわけではありません。極力、整理解雇を受けてしまう労働者を減らすよう、整理解雇の4つの要件が決められています。

　使用者側は、基本的にこの4要件を満たしていなければ、労働者を整理解雇することができません。

2 整理解雇の4要件

　整理解雇を行うためには、以下の4つの要件が必要とされています。

120　　第I部　医療

① 人員削減の必要性

② 解雇回避努力義務の履行

③ 被解雇者選定方法の合理性

④ 解雇手続の妥当性

［1］ 人員削減の必要性

会社が著しく経営が傾いており、解雇によって人を減らす必要に迫られていたかという基準になります。

「経営が苦しい、このままでは存続が危ない」という事実を客観的に判断できる状態が必要であるとされています。また、経営の悪化の程度やどの程度人を減らす必要であるのかを具体的に説明できる必要があるとされています。

しかし裁判例によっては「企業の合理的運営上やむを得ない必要性があれば足りる」として、経営の方針については企業が決定するということを広く認めるものもあります。例えば「今の経営は苦しくないけれど業界の動向が下火なので先に人を減らしておきたい」といった程度のレベルでも認められる可能性もあります。

［2］ 解雇回避努義務の履行

会社側は、役員報酬を含む経費の削減、新規採用の停止、時間外労働の中止や賃金カット、他の部門への配転・出向、一時帰休の募集などの他の雇用調整の手段を取って対応することによって、解雇という手段を取ることを回避するため、労働者の期待を裏切らないように誠実に行動するという義務を負っています。

この要素に関して裁判例では、企業が解雇を避けるために、また経営を持ち直すため、どれくらい努力をしていたかについては若干意見が分かれています。会社の状況に応じて、どの手段を使って経営を持ち直そうとするかは、その会社の判断にある程度委ねられているということです。

［3］ 被解雇者選定方法の合理性

　整理解雇の対象者を決定する基準は合理的で公平でなくてはいけません。そしてその運用にも公平性が求められます。

　整理解雇の対象者の基準としては、例えばアルバイトやパート等の非正規労働者など一般に会社への帰属性が低いと考えられる者、年配者など賃金が高額な者、若者など労働者の再就職可能性が高い者、養っている家族がいないなど受ける打撃が少ない者、遅刻・欠勤・懲戒処分の数が多い者などが考えられます。

［4］ 解雇手続の妥当性

　会社が労働組合・労働者等に十分な説明を行い、誠実に協議をしたのかが問われます。

　経営者による誠実な説明や協議の場を持つこと、そして解雇される者の納得を得るため手順を踏んでいない整理解雇は、他の3要素を満たしている場合であっても無効とされるケースもあります。

長時間労働によるリスク

 現在人員が十分ではなく、多くの職員が多時間の時間外労働を行っています。時間外労働についての基準を教えてください。

 時間外労働については法律上さまざまな規制があります。時間外労働にする法規制を理解して適切な運用を行ってください。

1 長時間労働に関する基準

労働基準法32条に規定されていますが、労働時間は週に40時間、1日8時間までであるのが原則になります。

ただし、現実にはこの基準は厳守されておらず、時間外労働をするためには、経営者と労働組合（又は従業員の代表者）との間で、「時間外労働・休日労働に関する協定書」を締結します。

この協定は労働基準法36条が根拠になっているので「36協定」（サブロク協定）と呼ばれています。この36協定の時間外労働の限度時間は、厚生労働省の省令により1カ月45時間、1年間360時間とされています。

また、労働災害保険も取扱いの基準が存しており、従業員が過重労働で亡くなった場合に、死亡からの直近1カ月の時間外労働時間が100時間超又は直近2カ月から6カ月の1月当たりの平均時間外労働時間が80時間超である場合には過重労働と死亡の間に因果関係がある（いわゆる「過労死」）と認定されやすいとされています。

2 過重労働の社会問題

過重労働を原因とした過労死などが、日々、報道されているとおり、過重労働は社会問題化しています。最近の有名な事件では大手の広告代理店である㈱電通の事件があります。

1991（平成3）年8月に入社2年目の男性社員（当時24歳）が自殺したことについて、長時間労働などが原因であるとして遺族が電通を民事で提訴、2000（平成12）年3月に最高裁は電通の責任を認めて労災認定するとともに、賠償金約を支払うことで結審したものです。この男性社員の1カ月当たりの残業時間は147時間にも及んでいたといわれています。なおこの判例は、過労自殺について企業の安全配慮義務違反を認めた最初のものとなり、政府における過労死の判断基準を見直す契機にもなりました。

　さらに、2015（平成27）年12月に入社1年目の女性社員（当時24歳）が自殺したことについて、2016（平成28）年9月に労働基準監督署が自殺の1カ月前には過重労働によりうつ病を発症していたとして労災認定、2017（平成29）年10月に東京簡易裁判所は電通に対して刑事上の有罪判決を言い渡したものです（民事では和解成立済）。この女性社員のうつ病発症前1カ月の残業時間は105時間であったとされています。

3 時間外労働に対する割増賃金

　時間外労働に対しては、過重労働以外にも、適切な割増賃金を払われているかも問題になります。

　割増賃金率とは、法定労働時間を超える労働、法定休日、深夜に労働があった場合に支払わなければならない通常の賃金に対する割合になりますが、具体的には下表のとおりとなります。

種　類	支払う条件	割増率
時　間　外 （時間外手当・残業手当）	法定労働時間（1日8時間・週40時間）を超えたとき	25％以上
	時間外労働が限度時間（1カ月45時間、1年360時間等）を超えたとき	25％以上[※1]
	時間外労働が1カ月60時間を超えたとき[※2]	50％以上[※2]
休　　　日 （休日手当）	法定休日（週1日）に勤務させたとき	35％以上
深　　　夜 （深夜手当）	22時から5時までの間に勤務させたとき	25％以上

（※1）25％を超える率とするよう努めることが必要です。
（※2）中小企業については、当分の間、適用が猶予されています。

退職者による情報漏えいへの対応

Q 従業員が退職する際に、顧客情報や病院経営上の秘密情報を持ち出し漏えいすることがあると聞いています。どのような予防策や事後の対策があるのでしょうか。

A 事前の予防策としては、授業員等と特約を締結しておくことや情報を「営業秘密」として管理することが重要です。

■ 従業員等により「営業秘密」を漏えいされた場合の法的手段

従業員等によって「営業秘密」を漏えいされた場合には、不正競争防止法による規定が適用されます。

「営業秘密」として保護されるためには、①秘密として管理されていること（秘密管理性）、②有用な情報であること（有用性）、③公然と知られていないこと（非公然性）の3要件を満たしていなければなりません。裁判においては、特に「秘密管理性」について争点となることが多いです。

「秘密管理性」の判断に関する裁判例の傾向について、経済産業省が作成している「営業秘密管理指針（改訂版）」によれば、①情報の秘密保持のために必要な管理をしていること（アクセス制限の存在）及び②アクセスした者にそれが秘密であることが認識できるようにされていること（客観的認識可能性の存在）が重視されていると指摘されています。

従業員や取締役等によって「営業秘密」を漏えいされた場合には、不正競争防止法上、会社は次のような措置を取ることができます。

(1) 差止請求（不正競争防止法3条1項）

侵害の停止又は予防を請求することができます。もっとも、消滅時効がありますので注意が必要です（不正競争防止法15条）。

126　第Ⅰ部　医療

(2) 廃棄除去請求（不正競争防止法3条2項）

侵害行為を組成した物の廃棄、侵害行為に供した設備の除去、侵害の停止又は予防に必要な行為を請求することができます。

(3) 損害賠償請求（不正競争防止法4条）

損害賠償請求することができます。

「営業秘密」の漏えいにより損害賠償請求を行う場合は、「営業秘密に関する使用許諾料」を請求することができるなど、民法に基づく請求の場合よりも損害額の立証が容易になっています（不正競争防止法5条）。

(4) 信用回復の措置（不正競争防止法14条）

「営業秘密」の漏えいによって粗悪品が出回るなど営業上の信用が害されたような場合には信用を回復するための措置（新聞等における謝罪広告など）を求めることができます。

(5) 刑事告訴（不正競争防止法21条1項）

「営業秘密侵害行為」がなされた場合は、刑事罰の対象になる可能性があります。

罰則の内容は「10年以下の懲役若しくは2,000万円以下の罰金に処し、又はこれを併科する」と非常に強力です。

役員、従業員のみならず退職者に対しても対象になる場合がありますので、退職後に競業会社に就職したとか競業会社を設立したというような場合も含めて、刑事告訴が有効になる場面は大いにあります。

2 従業員等により「営業秘密」以外の情報を漏えいされた場合の法的手段

これまで述べてきたとおり、「営業秘密」が漏えいされた場合には不正競争防止法に従って各措置を行うことができますが、場合によっては「営業秘密」の要件を満たさないということも考えられます。そのような場合は、どのような措置を取れるのでしょうか。

第6章　職員に関する諸問題　127

［1］ 在職中の場合

　在職中、労働者は労働契約に付随する信義則上の義務として当然に一定範囲の秘密保持義務を負うと考えられています（なお、取締役も会社法の忠実義務や善管注意義務に基づき当然に一定範囲の秘密保持義務を負うと考えられています）。

　そのため、損害賠償を請求することができますが、通常の裁判においては競業避止義務等とあわせて誠実義務違反の主張に包含されるのが一般的であり、具体的な態様や損害の程度などによって認められる金額は異なります。

［2］ 退職後の場合

　退職後の従業員等は、在職中に知り得た情報について、信義則上の義務として一定範囲の秘密保持義務を負うと考えられています。そのため、損害賠償や退職金返還等を請求することができる可能性があります。

　訴訟においては、従業員等の職業選択の自由や営業の自由を不当に制限してしまう可能性を考慮して、退職後の秘密保持義務について特約がある場合でも、情報の重要性・性質・範囲、対象者の退職前の地位・立場等を考慮して請求の可否が判断されます。

3 事前の対応策

　これまでは従業員等による情報漏えいや競業行為がなされた後にどのような法的手段を講じることができるかという視点から説明をしてきましたが、事前に授業員等と特約を締結しておくことや情報を「営業秘密」として管理することが重要です。

　そこで、最後に、どのようにして日頃から規程や運用を整備しておけばいざというときに役立つのかについて経済産業省のガイドラインである「営業秘密管理指針（改訂版）」が説明しています。

128　　第I部　医療

(1) 秘密である旨の指定、アクセス権者の指定

　経済産業省のガイドラインによれば、営業秘密とその他の情報とを区分して管理することや情報にアクセスする権限を有する者をあらかじめ指定することが重視されています。

(2) 物理的・技術的管理方法

　物理的管理方法としては、①営業秘密が記録されている媒体であることを客観的に認識可能な状態にすること（具体的には書面にマル秘マークを押したり、メールにパスワードを設定したりすること）、②保管庫に施錠して持ち出しをできる限り制限すること、③適切に回収して復元不可能な措置を講じて廃棄すること、④保管施設の入退出を制限すること等が重視されています。

　また、技術的管理方法としては、①ネットワークに接続する際のルールを確立することやデータを暗号化すること、②パスワードを設定すること、③外部ネットワークからの侵入に対して防御すること、④復元不可能な措置を講じてデータを消去・廃棄することなどが重視されています。

(3) 人的管理方法

　人的管理方法としては、①従業者等に対する教育・研修を実施すること、②就業規則・特約等によって従業者や退職者などに対して秘密保持を要請することなどが重視されています。さらに、派遣労働者、転入者、取引先に対しても同様の秘密保持義務を負わせることが重視されています。

(4) 営業秘密侵害に備えた証拠確保に関する管理方法

　厳重な管理を実施したとしても営業秘密が漏えいするおそれを完全になくすことができないため、営業秘密が漏えいした場合に備え、証拠確保のための措置を講ずることが重視されています。

第6章　職員に関する諸問題　　**129**

第7章

その他の相談事例

入院患者の行動管理、非行・奇行を繰り返す患者への対応

Q 深夜に徘徊する高齢の患者がいるのですが、転倒の危険などがあり、やめさせたいのですが、身体拘束を行うことは可能でしょうか。

A 患者の危険防止のために、緊急やむを得ない場合に一時的に身体拘束を行うことは可能です。しかし、深夜徘徊の患者に対しては、職員の体制を厚くし、定期的に病室を確認する等のケアを基本とし、身体拘束を行うことはできる限り避けるべきです。

以下、病院での身体拘束を定めた法令や身体拘束を認めた判例を紹介します。

1 精神科病棟

精神科病棟における身体拘束に関しては、精神保健及び精神障害者福祉に関する法律（以下「精神保健法」という）及び昭和63年厚生省告示第129号などに定めがあり、医療又は保護に欠くことのできない場合で、身体拘束のほかに代替手段がない限度で、一時的に身体拘束を行うことが可能とされています。

もっとも、拘束期間の長期化は問題視されますので、拘束期間は最小限にすべきです。

〈精神保健法〉

第四節　精神科病院における処遇等

（処遇）

第36条　精神科病院の管理者は、入院中の者につき、その医療又は保護に欠くことのできない限度において、その行動について必要な制限を行うことができる。

（2　略）

3　第1項の規定による行動の制限のうち、厚生労働大臣があらかじめ社会保障審議会の意見を聴いて定める患者の隔離その他の行動の制限は、指定医が必要と認める場合でなければ行うことができない。

第37条　厚生労働大臣は、前条に定めるもののほか、精神科病院に入院中の者の処遇について必要な基準を定めることができる。

2　前項の基準が定められたときは、精神科病院の管理者は、その基準を遵守しなければならない。

3　厚生労働大臣は、第1項の基準を定めようとするときは、あらかじめ、社会保障審議会の意見を聴かなければならない。

〈精神保健及び精神障害者福祉に関する法律第36条第3項の規定に基づき厚生大臣が定める行動の制限（昭和63年4月8日厚生省告示第129号）〉

精神保健法（昭和25年法律第123号）第36条第3項の規定に基づき、厚生大臣が定める行動の制限を次のように定め、昭和63年7月1日から適用する。

（中略）

一　患者の隔離（内側から患者本人の意思によつては出ることができない部屋の中へ1人だけ入室させることにより当該患者を他の患者から遮断する行動の制限をいい、12時間を超えるものに限る。）

二　身体的拘束（衣類又は綿入り帯等を使用して、一時的に当該患者の身体を拘束し、その運動を抑制する行動の制限をいう。）

（以下略）

〈精神保健及び精神障害者福祉に関する法律第37条第1項の規定に基づき厚生労働大臣が定める基準〉（直近の改正：平成26年3月14日厚生労働省告示第78号　抄）

第7章　その他の相談事例　　133

第四　身体的拘束について

一　基本的な考え方

（一）身体的拘束は、制限の程度が強く、また、二次的な身体的障害を生ぜ
　　しめる可能性もあるため、代替方法が見出されるまでの間のやむを得な
　　い処置として行われる行動の制限であり、できる限り早期に他の方法に
　　切り替えるよう努めなければならないものとする。

（二）身体的拘束は、当該患者の生命を保護すること及び重大な身体損傷を
　　防ぐことに重点を置いた行動の制限であり、制裁や懲罰あるいは見せし
　　めのために行われるようなことは厳にあつてはならないものとする。

（三）身体的拘束を行う場合は、身体的拘束を行う目的のために特別に配慮
　　して作られた衣類又は綿入り帯等を使用するものとし、手錠等の刑具類
　　や他の目的に使用される紐、縄その他の物は使用してはならないものと
　　する。

二　対象となる患者に関する事項

　　身体的拘束の対象となる患者は、主として次のような場合に該当する
　と認められる患者であり、身体的拘束以外によい代替方法がない場合に
　おいて行われるものとする。

　　ア　自殺企図又は自傷行為が著しく切迫している場合

　　イ　多動又は不穏が顕著である場合

　　ウ　ア又はイのほか精神障害のために、そのまま放置すれば患者の生命
　　　にまで危険が及ぶおそれがある場合

三　遵守事項

（一）身体的拘束に当たつては、当該患者に対して身体的拘束を行う理由を
　　知らせるよう努めるとともに、身体的拘束を行つた旨及びその理由並び
　　に身体的拘束を開始した日時及び解除した日時を診療録に記載するもの
　　とする。

（二）身体的拘束を行つている間においては、原則として常時の臨床的観察
　　を行い、適切な医療及び保護を確保しなければならないものとする。

（三）　身体的拘束が漫然と行われることがないように、医師は頻回に診察を
　　　行うものとする。

2 非精神科病棟

　他方で、非精神科病棟における患者の身体拘束に関しては、一般に規定
した法令等はなく、医療機関と患者との間の診療契約（準委任契約）に基
づく善管注意義務（民法644条）違反や不法行為（民法709条）の成否といっ
た民事責任が成立するか否かという観点から検討するほかありません。

　この点、非精神科病棟入院患者への身体拘束が行われた事例（一宮身体
拘束事件）において、最高裁判所は「入院患者の身体を抑制することは、
その患者の受傷を防止するなどのために必要やむを得ないと認められる事
情がある場合にのみ許容されるべき」（最判平成22年1月26日民集64巻1号
219頁）と判示しており、患者の受傷を防止するため必要やむを得ない場
合の患者の身体拘束することを認めています。

〈最判平成22年1月26日民集64巻1号219頁（判決要旨）〉
　当直の看護師らが抑制具であるミトン（手先の丸まった長い手袋様のもの
で緊縛用のひもが付いているもの）を用いて入院中の患者の両上肢をベッド
に拘束した行為は、次の(1)～(3)など判示の事情の下では、上記患者が転倒、
転落により重大な傷害を負う危険を避けるため緊急やむを得ず行われた行
為であって、診療契約上の義務に違反するものではなく、不法行為法上違
法ともいえない。
　(1)　上記患者は、上記行為が行われた当日、せん妄の状態で、深夜頻繁
　　　にナースコールを繰り返し、車いすで詰所に行ってはオムツの交換を
　　　求め、大声を出すなどした上、興奮してベッドに起き上がろうとする
　　　行動を繰り返していたものであり、当時80歳という高齢で、4カ月前
　　　に他病院で転倒して骨折したことがあったほか、10日ほど前にもせん

妄の状態で上記と同様の行動を繰り返して転倒したことがあった。

(2)　看護師らは、約4時間にもわたって、上記患者の求めに応じて汚れていなくてもオムツを交換し、お茶を飲ませるなどして落ち着かせようと努めたが、上記患者の興奮状態は一向に収まらず、また、その勤務態勢からして、深夜、長時間にわたり、看護師が上記患者に付きっきりで対応することは困難であった。

(3)　看護師が上記患者の入眠を確認して速やかにミトンを外したため、上記行為による拘束時間は約2時間であった。

診療報酬の回収

診療報酬を払ってくれない患者には、どう対応すれば良いでしょうか。

まずは、診療契約の相手方である患者に対して、電話、個別訪問、医療機関名義での督促状を出すなどの形で、ソフトに任意の支払いを求めるのが良いでしょう。

それでも支払いがない場合には、内容証明郵便にて、「お支払いいただけない場合には、訴訟等の法的手段を講じることとなりますので、あらかじめご了承ください。」等の強い表現を用いて通知を行うことが考えられます。この際には、弁護士名義で、通知文を送付することの方が効果的と考えられます。

以上のプロセスを経ても支払いがない場合には、支払督促や訴訟等の法的措置を取ることが考えられます。

他方で、未収金の回収に努めたにもかかわらず、回収できないときは、保険者（全国健康保険協会、健康保険組合等）に申請して保険者による滞納処分を行うことにより、回収を図ることが考えられます（国民健康保険法42条2項、健康保険法74条2項）。

1 診療報酬支払請求権

　診療報酬支払請求権は、医療機関と患者又は第三者（子の親権者など）（以下「患者等」という）との間の診療契約（準委任契約）に基づき発生します。診療契約は、患者が医療機関に病状を訴え、その医学的解明と治療という専門事務を求め、医療機関が患者に対し医療行為を施すもので、法律行為を委託するものではないので、準委任契約と考えられます。

　このように医療機関と患者等との間に診療契約が成立することは自由診療の場合だけではなく、保険診療の場合においても同じです。保険診療の場合は、患者等は一部負担金（70歳未満は3割負担、70歳以上は2割負担が

第7章　その他の相談事例　　137

基本）を医療機関に支払い、残額は保険者が医療機関に支払う仕組みとなっています（国民健康保険法2条、健康保険法74条1項）。

なお、診療報酬支払請求権（保険診療における一部負担金支払請求権）の弁済期は、外来診察の場合は治療終了時、入院の場合は当該医療機関の締め日及び退院日となります。

2 消滅時効

診療報酬支払請求権の消滅時効は、現行の民法170条1号では弁済期より3年間行使しないときは消滅するとなっています。

しかし、2017（平成29）年に改正され、2020（令和2）年4月1日施行予定の新民法166条においては、かかる3年の短期消滅時効は廃止され、権利を行使することができることを知った時から5年間行使しないとき（同条1項1号）、権利を行使することができるときから10年間行使しないとき（同条1項2号）、時効によって消滅するとなっています。

時効は、債権者である医療機関が権利行使（民法147条1号）することや債務者である患者等が債務承認（現行民法147条3号、新民法152条）することにより、中断し（新民法では「更新」といいます）、進行していた時効期間はリセットされ、その時点から新たに時効期間のカウントがはじまります。

債務承認とは、時効の利益を受ける者（患者等）が、時効によって権利を失う者（医療機関）に対して、診療報酬支払請求権の存在を認めることです。

患者等から、未払診察報酬全額についての支払いを誓約書等の形で承認してもらうことや診療報酬の一部を支払ってもらうことにより、債務承認となり、当該診療報酬支払請求権の時効を中断・更新します。

したがって、消滅時効の期限が迫っているような場合に、治療費の一部

138　第I部　医療

だけでも支払ってもらうことは、消滅時効を中断・更新するという点で意味があります。

　患者からの支払い猶予の申込みも、債務承認となり、支払い猶予申込みの対象となる診療報酬支払請求権の消滅時効の進行を中断・更新します。

　もっとも、診療報酬は弁済期ごとに、それぞれ別個独立の診療報酬支払請求権が発生すると考えられるので、ある弁済期の診療報酬に対する支払いや支払い猶予の申込みは、別の弁済期にある診療報酬の債務承認とはならず、当該別の弁済期にある診療報酬の消滅時効は中断・更新しない点に注意が必要です。

　内容証明郵便にて支払いを促すことで、催告となり、時効の完成を停止（現行民法153条）・完成猶予（新民法150条）することができますが、6カ月以内に訴訟を提起するなど裁判上の請求をしなければ、時効を中断・更新する効力がないので注意が必要です。

　なお、時効の利益を享受するためには、当事者の援用が必要であり、患者等から消滅時効を援用されない限り、医療機関は時効期間経過後も診療報酬を請求することは可能です。

3 支払督促

　支払督促（民事訴訟法382条）とは、金銭その他の代替物又は有価証券の一定の数量の給付を目的とする請求について、簡易裁判所の裁判所書記官を通じて行う法的な請求です。

　債務者である患者等が異議を申し立てないまま2週間経過すると、裁判所書記官は「仮執行宣言付支払督促」を発布し、債権者たる医療機関は、これにより債務者たる患者等の財産に対して強制執行を行うことができます。

４ 滞納処分の利用

　保険診療の場合、保険医療機関は、患者等から一部負担金の支払いを受けるべきですが、保険医療機関が善良な管理者と同一の注意をもってその支払いを受けることに努めたにもかかわらず、なお患者等が当該一部負担金の全部又は一部を支払わないときは、保険者は、当該保険医療機関の請求に基づき、この法律の規定による徴収金の例により、これを処分することができます（健康保険法74条２項、国民健康保険法42条２項）。

　つまり、保険医療機関としては、未払報酬支払請求権の回収作業と管理業務を善良な管理者としての注意義務[54]をもって行っていたにもかかわらず、患者等が支払うべき一部負担金を支払わない場合には、保険者への請求により、未払いの一部負担金が保険者から保険医療機関に支払われることになります。当然、保険者は、未払いの被保険者（患者等）に対して強制徴収権を行使し、未払いの一部負担金を徴収することになります。

　この方法を利用することで、上記の支払督促等の法的措置を自ら行うことなく、保険医療機関は未払金の回収を図ることができます。

５ 予防

　自由診療の場合は滞納処分を利用することができないので、任意に診療報酬を支払わない患者から診療報酬を回収するには、最終的には訴訟等の法的手段を取る必要があります。しかし、弁護士費用などを含め少なくないコストがかかります。

　また、保険診療の場合には、保険者に請求して滞納処分を利用できるにしても、本来不要な事務手続コストが発生することに変わりありません。

54　善良な管理者の注意義務を果たしていたというには、例えば、未払報酬の発生日や請求日、一部支払額とその日付などをきちんと記録・管理した上で、定期的に請求をしていたという事実が必要となります。

したがって、重要なことは診療報酬の未払いを発生させない体制づくりになります。

　具体的には、滞納履歴がある等のリスクのある患者等に対しては、あらかじめ支払条件を確認すること、入院にあたってはクレジットカードの利用を求めたり、デポジットを徴収することが考えられます。

　また、支払遅滞が発生した場合には、支払計画を明記した念書を作成し、家族や近親者などを連帯保証人にする等の措置を講じることも考えられます。特に入院費用など診療報酬が高額となる場合には、事前に連帯保証人を付けることを検討された方が良いでしょう。

　なお、治療途中の患者等で診療報酬を支払わない者に対して、診療報酬の不払いによる債務不履行を理由として、診療契約を解除し、診療拒絶できるかについては、応招義務（診療義務）（医師法19条１項）との関係で悩ましい問題です。この点、昭和24年９月10日厚生省医務局通達には、「医業報酬が不払であっても直ちにこれを理由として診療を拒むことはできない」とあります。

医療機関で発生するセクハラへの対処法

① 看護師がある患者から卑猥な言葉をかけられているとの報告が、看護師本人のみならず他の患者からも複数あったのですが、医療機関としてどのように対処すれば良いでしょうか。
② 医師が患者の身体を不自然に触ったとの報告があるのですが、どのように対処すれば良いでしょうか。

① 被害を受けた看護師は、卑猥な言葉をかけられたときに、その現場で、「やめてください」等と厳しい口調で注意してください。また、他の職員も当該患者の普段の言動に注意を払い、セクハラ発言の場に臨場して複数人で注意する、当該看護師と当該患者を接触させないよう担当換えを行うなど組織として対応する必要があります。
② まずは、当該医師と当該患者の双方から事実確認を行ってください。その上で、当該行為が治療行為のために必要か否か判断し、不要であるにもかかわらず患者の身体を触っていたのであれば、当該医師を厳しく注意し、患者に対して謝罪しなければなりません。

1 セクハラ

　セクハラとは、セクシャルハラスメントの略で、「性的嫌がらせ」と訳され、時・場所・相手をわきまえずに、相手方を不愉快にさせる性的な言動をいいます。

　特に、医療機関はセクハラが発生しやすい環境といえます。例えば、医療従事者は、仕事上、患者に親切に接しているため、親切にされた患者が誤解して恋愛感情を抱くことがあります。患者が恋愛表現の一環として行った行為（つきまとい、待ち伏せ、執拗な交際要求など）が医療従事者に不快感を与え、セクハラとなるケースが考えられます。また、怪我・病気のストレスから、そのはけ口として、性的な発言をしたり、身体に触れる

などのケースも考えられます。

　他方で、診療行為には患者の身体への接触が不可欠な場合があり、医師等の医療従事者から患者へのセクハラが発生しやすい環境にあるといえます。

　患者は、基本的に医療従事者を信頼しており、医療従事者は診療行為において患者より医学的専門知識を有していることから、診察行為の場では、医療従事者が患者に対して優位な立場にあります。かかる立場を利用して、医療従事者が、本来不要であるにもかかわらず、患者の身体に触れ、患者に不快感を与えるケースが考えられます。

2 セクハラか否かの判断基準

　厚生労働省の「職場におけるハラスメント対策マニュアル」[55]では、セクハラの判断基準として、以下のように説明しています。

　　セクシュアルハラスメントの状況は多様であり、判断に当たり個別の状況を斟酌する必要があります。また、「労働者の意に反する性的な言動」と「就業環境を害される」の判断に当たっては、労働者の主観を重視しつつも、事業主の防止のための措置義務の対象となることを考えると一定の客観性が必要です。

- 一般的には意に反する身体的接触によって強い精神的苦痛を被る場合には、一回でも就業環境を害することとなり得ます。
- 継続性または繰り返しが要件となるものであっても、回数のみを判断材料とはせず、少ない回数でも「明確に抗議しているにもかかわらず放置された状態」又は「心身に重大な影響を受けていることが明らかな場合」には、就業環境が害されていると判断し得るものです。

55　https://www.mhlw.go.jp/file/06-Seisakujouhou-11900000-Koyoukintoujidoukateikyoku/0000181888.pdf

- 被害を受けた労働者が女性である場合には「平均的な女性労働者の感じ方」を基準とし、被害を受けた労働者が男性である場合には「平均的な男性労働者の感じ方」を基準とすることが適当です。

　上記判断基準を参考にすれば、被害者の主観を重視しつつ、具体的な行為の性質や回数、その際の被害者の反応などを考慮要素として、平均的な女性又は男性の感じ方を基準に、セクハラか否かを判断することになります。

3 実際に発生したセクハラへの対応

［1］セクハラ案件の窓口担当者の設置

　実際にセクハラ事案が発生した場合に、被害者が、セクハラ被害を相談できる窓口となる担当者をあらかじめ置いておく必要があります。相談担当者には、被害者が相談しやすいように、男女各1名以上を配置するのが望ましいです。

　また、被害者のプライバシー管理を厳格に行い、相談したことによって、被害者に不利益が生じないよう十分に配慮する必要があります。

［2］事実関係の確認

　相談担当者は、被害者から被害の実情を聴取して、その事案に係る事実関係を迅速かつ正確に確認する必要があります。また、加害者からも事情を聴取し、事実関係を確認する必要があります。

［3］情報の共有と防止策

　患者がセクハラ行為を行っているとの事実が確認された場合、当該患者に関わる医療従事者に対して、セクハラ行為を行うおそれのある患者との情報を共有し、注意を促す必要があります。

　特に、当該患者と1対1で接する際にセクハラ行為が行われやすいので、

144　第Ⅰ部　医療

当該患者と医療従事者が1対1にならない環境を構築することが大切です。また、特定の医療従事者が被害に遭っている場合には、担当者替えなどの措置も考えられます。

　事業主たる医療機関としては、医療従事者がセクハラ行為を受けないように職場環境をつくり、セクハラの防止についての予防策など男女雇用機会均等法が定めている措置を取る義務があります。

〈男女雇用機会均等法〉
（職場における性的な言動に起因する問題に関する雇用管理上の措置）
第11条　事業主は、職場において行われる性的な言動に対するその雇用する労働者の対応により当該労働者がその労働条件につき不利益を受け、又は当該性的な言動により当該労働者の就業環境が害されることのないよう、当該労働者からの相談に応じ、適切に対応するために必要な体制の整備その他の雇用管理上必要な措置を講じなければならない。
2　厚生労働大臣は、前項の規定に基づき事業主が講ずべき措置に関して、その適切かつ有効な実施を図るために必要な指針（次項において「指針」という。）を定めるものとする。
3　（略）

事業主が講ずべき措置のポイント
（厚生労働省「職場におけるハラスメント対策マニュアル」[56]）

１．事業主の方針の明確化及びその周知・啓発
　(1)　職場におけるセクシュアルハラスメントの内容・セクシュアルハラスメントがあってはならない旨の方針を明確化し、管理・監督者を含む労働者に周知・啓発すること。

56　https://www.mhlw.go.jp/file/06-Seisakujouhou-11900000-Koyoukintoujidoukateikyoku/0000181888.pdf

(2) セクシュアルハラスメントの行為者については、厳正に対処する旨の方針・対処の内容を就業規則等の文書に規定し、管理・監督者を含む労働者に周知・啓発すること。

2．相談（苦情を含む）に応じ、適切に対応するために必要な体制の整備
(3) 相談窓口をあらかじめ定めること。
(4) 相談窓口担当者が、内容や状況に応じ適切に対応できるようにすること。セクシュアルハラスメントが現実に生じている場合だけでなく、発生のおそれがある場合や、セクシュアルハラスメントに該当するか否か微妙な場合であっても、広く相談に対応すること。

3．職場におけるセクシュアルハラスメントへの事後の迅速かつ適切な対応
(5) 事実関係を迅速かつ正確に確認すること。
(6) 事実確認ができた場合には、速やかに被害者に対する配慮の措置を適正に行うこと。
(7) 事実確認ができた場合には、行為者に対する措置を適正に行うこと。
(8) 再発防止に向けた措置を講ずること（事実が確認できなかった場合も同様）。

4．併せて講ずべき措置
(9) 相談者・行為者等のプライバシーを保護するために必要な措置を講じ、周知すること。
(10) 相談したこと、事実関係の確認に協力したこと等を理由として不利益な取扱いを行ってはならない旨を定め、労働者に周知・啓発すること。

　医療従事者がセクハラ行為を行っているとの事実が確認された場合には、被害者である患者には医療機関として謝罪し、当該医療従事者が被害者患者と今後接することのないように配置換えをするなどの対応を取る必要があります。

［4］ セクハラ行為を行った者に対する措置

(1) セクハラを行った患者に対する措置

当該患者に警告するとともに、セクハラの内容が酷い場合には診療契約を解除し、通院・退院を通告することも考えられます。

セクハラの内容によっては、刑事事件となり、警察等に告発することも考えられます。例えば、キスや胸を揉む行為は強制わいせつ罪（刑法176条）が成立する可能性があります。つきまとい行為の場合には、ストーカー規制法に基づき、警察に警告等の申し出、援助を受ける旨の申し出を行うことも検討した方が良いでしょう。

セクハラ行為により被害者に財産的・精神的損害が生じた場合には、セクハラ行為を行った加害者に対し、民事上の損害賠償請求が考えられます（民法709条、710条）。例えば、セクハラ行為がきっかけで、精神病を患ってしまった場合には通院費用や休業損害、慰謝料などを請求することが可能です。

(2) セクハラを行った医療従事者に対する措置

セクハラ行為を行った医療従事者に対しては、厳重に注意するとともに、強制わいせつ罪など犯罪に該当する行為を行っていた場合には警察等への告発も考えられます。また、雇用者たる医療機関としては、当該医療従事者に対して、就業規則その他の職場における服務規律に基づき、懲戒処分等の措置を検討しなければなりません。

なお、医療従事者が患者に対してセクハラ行為を行った場合、上記同様に民事上の損害賠償責任を問われる可能性がありますが、さらに当該医療従事者を使用する医療機関は、患者から使用者責任（民法715条）を問われる可能性があります。

医療機関が当該医療従事者に代わって患者に損害賠償を行った場合、当該医療従事者に対して、当該損害賠償額を求償することが考えられます。

他方で、2019（平成31）年2月20日に、手術後に女性患者にわいせつ行為をしたとして準強制わいせつ罪で起訴された男性医師に対して、「術後せん妄」により女性患者が幻覚を体験した可能性があるとして無罪を言い渡した裁判例（東京地裁平成28年（刑わ）2019号）が存在するので、セクハラ行為の認定と懲戒処分等には慎重な対応が求められます。

コラム

LGBT の患者への対応

Column

LGBT とは、女性同性愛者（レズビアン、Lesbian）、男性同性愛者（ゲイ、Gay）、両性愛者（バイセクシュアル、Bisexual）、トランスジェンダー（出生時の性別を越境する者：Transgender）をまとめたセクシャルマイノリティの総称です。

現在、日本では LGBT に関する法律がなく、どのように取り扱うかの指針がない状態といえます。そのような中で、医療機関においても、対応に苦慮される場面があるのではないでしょうか。本コラムでは、LGBT に関わる場面での対応方法を考えていきたいと思います。

1．患者とは法的に親族でない同性パートナーへの対応

医療機関では、病状説明や集中治療室での面会を親族だけに限定している場合が多いのが現状であり、そういった場合に患者の親族ではない同性パートナーの同席を拒否するケースがあります。

このような場合には、患者本人の意思を確認した上、患者が望むのであれば、医療機関としては、同性パートナーを家族同様に扱い、同席を認めることも考えるべきと思われます。

他方で、当該患者の意識がない場合には、直接、患者の意思を確認ができません。この場合で患者に親族がいるときは、親族に限って患者の病状を説明することとしている医療機関が多いように思われます。

148　　第I部　医療

もっとも、ケースバイケースではありますが、例えば渋谷区が発行し
ているような「パートナーシップ証明書」がある場合には、患者が同パー
トナーに対して病状等の説明を行うことを事前に同意していると推認で
きますので、同パートナーに患者の病状を説明することを検討していく
べきと思います。

　他にも、「緊急時連絡先カード」、「医療意思表示書」、「任意後見制度」
などによって、事前に患者が同性パートナーに病状等の説明をすること
を同意していると考えられる場合には、その意向を尊重する姿勢が大切
と思われます。

２．フルネームで呼ばれたくない患者への対応

　トランスジェンダーの方は、「名の変更許可の申し立て」を行い、家庭
裁判所で許可をもらうことで、改名することが可能ですが、改名してい
ない方もいます。このような方は、異性名の名前を呼ばれることに違和感、
苦痛を感じることでしょう。性別は男性でも性自認が女性で女性の格好
をしている患者が、受付等において男性名で呼ばれれば、周囲から違和
感を持った反応が出るかもしれません。

　このような事態を避けるには、番号札を配布して、番号で呼ぶことが
適切と考えられます。番号札がない場合は、名字だけで呼ぶ方が良いで
しょう。

第7章　その他の相談事例　　**149**

口コミサイトでの事実無根な書込みへの対処

 口コミサイトに、匿名で事実無根な病院の社会的評価を損なう書込みがあり困っています。対処方法を教えてください。

A　まずは、サイト開設者やインターネットサービスプロバイダに対して、当該書込みの削除請求を行いましょう。その後、サイト開設者に対する損害賠償請求、並びに当該書込みを行った発信者を特定した上で、当該発信者に対する損害賠償請求及び謝罪広告の掲載などの名誉回復請求を行うことが考えられます。また、発信者を刑事告訴することも考えられます。

1 書込みの削除請求

[1] ウェブフォーム等からの削除請求

　まず行うべきは、当該口コミサイトの開設者に対して、当該書込みの削除を請求することです。通常、当該サイトには削除依頼フォームがあり、それに従ってサイト開設者に削除請求を行うことが可能で、費用と時間のかからない方法になります。

　その際には、削除依頼箇所の特定と権利侵害の事実と理由を明示する必要があり、どの書込みが、なぜ請求者の名誉等の権利を侵害するか明確に記載した上で、当該サイトの利用規約等に基づき削除対象である旨を説明することが大切です。

[2] ガイドラインに則った削除請求（送信防止措置依頼）

　次に、一般社団法人テレコムサービス協会（以下「テレコム」という）が作成した「特定電気通信役務提供者の損害賠償責任の制限及び発信者情報の開示に関する法律」（以下「プロバイダ責任法」という）の運用についてのガイドラインに則り、当該口コミサイトの開設者又はインターネットサービスプロバイダ（Internet Service Provider、以下「ISP」という）に対

して、削除請求する方法があります。

　この方法を用いる際は、「送信防止措置依頼書」という書式が、「プロバイダ責任制限法　関連情報 Web サイト」（http://www.isplaw.jp/）に用意されているので、これを利用するのが良いでしょう。

　請求を受けたサイト開設者は、発信者に連絡をとることができない場合を除き、原則として発信者に意見照会を行った上で、削除の要否を検討します。ただし、会員型サイトで連絡先を把握している場合でもない限り、発信者に対して意見照会を行うことは一般的に難しいと思われます。

［3］　裁判上の手続による削除請求

（1）　削除の仮処分

　上記の方法で任意に削除されない場合は、裁判手続である民事保全法の仮処分手続（仮の地位を定める仮処分）により削除を求めるほかありません。同仮処分は、原則として、削除を求められるサイト開設者（債務者）に反論の機会を付与した上でなければ発令されません（民事保全法23条4項）。

　当該仮処分手続では、削除対象を具体的に明示する必要があり、URLや書込み番号、書込み日時などを保存して特定できるようにしておかなければなりません。また、削除請求を求める債権者は、主張が認められると仮処分決定発令のために担保金を供託する必要があります。担保金の目安は、30万円〜50万円とされています。

（2）　本案訴訟による削除請求

　上記の仮処分ではなく、本案訴訟によっても削除請求を求めることは可能ですが、判決まで時間を要するため本案訴訟による削除請求はほとんど行われません。なお、本案訴訟による場合は、担保金の供託は不要です。

> 書込み者（発信者）に対する削除請求

　後述のとおり、発信者を特定の上、発信者に対して削除請求することは原則として可能です。もっとも、サイトによっては、発信者本人が書込みの削除や修正を行えない仕組みになっている場合もあり、その場合は不可能を強いるので、発信者に対する削除請求は認められません。

2 損害賠償請求等

［1］ 発信者情報開示請求

　発信者に対して、損害賠償請求や名誉回復等請求を行うためには、まず匿名の発信者を特定する必要があります。

　プロバイダ責任法4条1項は、発信者情報開示請求権を定めており、同条項に基づき、発信者情報（氏名、住所、電子メールアドレス、IPアドレス、携帯電話端末等からのインターネット接続サービス利用者識別符号、SIMカード識別番号、侵害情報が送信された年月日及び時刻）の開示を求めることが可能です。

　匿名サイトの発信者を特定するためには、一般に以下のプロセスを経る必要があります。

（1） サイト開設者に対するIPアドレス、タイムスタンプ等の開示請求

　サイト開設者に対して、IPアドレス、タイムスタンプ（侵害情報が送信された年月日及び時刻）等の開示を求めるには、①メールやウェブフォームでの開示請求、②弁護士会照会、③テレコムが作成した書式による発信者情報開示請求、又は④裁判所での発信者情報開示請求仮処分のいずれかの方法を取ります。

　①～③は、サイト開設者による任意開示であり、権利侵害が明白な場合には任意開示の可能性があります。他方で、任意開示されない場合やその

ように予想される場合には、④仮処分手続が必要です。

なお、通信ログの保存期間は3カ月又は6カ月程度であることが多いので、早急にIPアドレスやタイムスタンプ等の開示を受ける必要があります。また、仮処分手続では10万円程度の担保金を供託する必要があります。

(2) 開示されたIPアドレスが、どのISP管理のIPアドレスかの調査

IPアドレスとISPとの対応をWHOISというIPアドレスやドメイン名の登録者などに関する情報を検索できるインターネット上のサービスを用いて調べます。IPアドレスは常時不足しており、接続の度にIPアドレスが割り当てられる仕組みになっているので、ISPが誰に当該IPアドレスを割り当てたか調査するため、タイムスタンプが必要になります。

(3) ISPに対し、必要に応じて通信ログ保存（消去禁止）の請求

通信ログの保存期間は法律で定められていません。通常、3カ月又は6カ月程度とされていますので、保存期間が過ぎそうな時期であれば、ISPに対して、通信ログを保存しておくように請求する必要があります。この方法としては、ISPに対して、書込み事項を特定の上、任意に通信ログの保存を求める方法があります。

また、テレコムが作成した書式による発信者情報開示請求を行うことで、事実上通信ログの保存を請求することもできます。発信者情報開示請求を受けたISPは、発信者に意見聴取を行う必要があるので、当該IPアドレス及びタイムスタンプから特定される発信者を調査し、意見聴取を行います。その手続の過程で発信者が誰かといった記録が残るため、通信ログが事実上保存されます。

(4) ISPに対し、発信者情報開示請求

最後に、ISPに対して、発信者情報の開示請求を行います。テレコムが作成した書式による発信者情報開示請求が可能ですが、この方法により開示される例はまずありません。これは、安易な発信者情報の開示により、

第7章　その他の相談事例　**153**

ISP が発信者から損害賠償請求を受けるリスクがあるためです。

そこで、ISP に対して発信者情報開示請求訴訟（本案訴訟）を提起します。ISP は発信者情報を保有しており、通信ログの保存さえできていれば、保全の必要性がないので、仮処分による開示は原則としてできません。

［2］ 発信者に対する損害賠償請求等

発信者の特定後、当該書込み内容が病院の社会的評価を害しているとして損害賠償請求を行うことが可能です。ただし、裁判で認められる賠償額は、高くても100万円程度が相場となっています。

また、裁判所は、病院の名誉を棄損した発信者に対して、謝罪広告を出させるなどの名誉回復措置（民法723条）や信用回復措置（不正競争防止法14条）を命じることができるので、訴訟でかかる措置を求めることも考えられます。

［3］ サイト開設者への損害賠償請求

口コミサイトの開設者に対して、違法な書込みを削除せず放置した不作為を理由に損害賠償を請求することが考えられます（民法709条）。ただし、プロバイダ責任法3条1項は、サイト開設者の損害賠償責任を以下のときに限定しています。

① 当該書込みの削除（送信防止措置）が技術的に可能であって、かつ、当該書込みにより他人の権利が侵害されていることを知っていたとき

② 当該書込みの削除が技術的に可能であって、かつ、当該書込みを知っており、当該書込みにより他人の権利が侵害されていることを知ることができたと認めるに足りる相当の理由があるとき

つまり、書込みの削除が技術的にできない場合や、書込み自体を知らなかった場合には、サイト開設者は損害賠償責任を負わないとされています。

もっとも、サイト開設者であれば、書込みの削除は通常可能であり、削除請求があった場合には、書込み自体は把握しているといえるので、プロ

154　　第Ⅰ部　医療

バイダ責任法により免責されるケースはさほど多くはないと考えられます。

［4］刑事告訴

　事実無根の書込みを行うことは、公然と事実を適示して、他人の社会的評価を低下させる行為ですので名誉棄損罪（刑法230条1項）に該当する可能性があり、また事実の適示がない場合でも、虚偽の風説を流布し、又は偽計を用いて、人の信用を毀損し、又はその業務を妨害する行為は、信用棄損罪・業務妨害罪（刑法233条）に該当する可能性があります。

　したがって、発信者特定のため、名誉権侵害で発信者情報の開示請求した場合は名誉棄損罪、営業権侵害で開示請求した場合は業務妨害罪として、警察又は検察に対して刑事告訴することが考えられます。ただし、実際に捜査するか否かは、警察等の判断になりますので、あまり期待しない方が良いと考えます。

第7章　その他の相談事例　　155

医療広告

 当院のウェブサイトを作成しようと考えていますが、注意点があれば教えてください。

 2017(平成29)年6月14日付けで公布された「医療法等の一部を改正する法律」(平成29年法律第57号)により、医療機関のウェブサイト等についても、他の広告媒体と同様に医療広告規制の対象となり、虚偽又は誇大等の表示が禁止され、是正命令や罰則等の対象となりました。ウェブサイトの作成にあたっては、医療広告規制に注意する必要があります。

1 基本的な考え方

医療広告は、患者等の利用者保護の観点から、限定的に認められた事項以外は、原則として広告が禁止されています。

すなわち、医療は、①人の生命・身体に関わるサービスであり、不当な広告により受け手側が誘引され、不適当なサービスを受けた場合の被害は他の分野に比べ著しく、また②極めて専門性の高いサービスであり、広告の受け手はその文言から提供される実際のサービスの質について事前に判断することが非常に困難であるという考え方に基づいています。

2 広告規制の対象範囲

[1] 広告の定義

規制の対象範囲に、ウェブサイトが含まれることは前述のとおりですが、①患者の受診等を誘引する意図があること(誘引性)、及び②医業もしくは歯科医業を提供する者の氏名もしくは名称又は病院もしくは診療所の名称が特定可能であること(特定性)の要件を満たす場合には、広告として規制対象となります。

上記2要件は、実質的に判断されるため、例えば治療法等を紹介する書籍等の形態でも、特定の病院等の名称が記載されていたり、電話番号やウェブサイトのアドレスの記載があることで、一般人が容易に当該病院等を特定できるような場合には、実質的に上記①及び②の要件を満たし、広告として取り扱われる点に注意が必要です。

　また、医療広告には、直接的に表現しているものだけではなく、当該情報物を全体で見た場合に暗示的・間接的に表現しているものを含みます。

　例えば、「病人が回復して元気になるイラスト」は、後述のとおり、効果に関する事項として広告可能ではなく、回復を保障すると誤認を与えるおそれがあり、誇大広告に該当するので、認められません。

[2] 広告規制の対象者

　医療広告規制の対象者には、医師、歯科医師又は病院等の医療機関だけでなく、マスコミ、広告代理店、アフィリエイター（閲覧した人を誘引することを目的としてブログ等で紹介し、その成果に応じて報酬が支払われる広告を行う者）、患者又は一般人など「何人」（医療法6条の5第1項）でも含まれます。

　日本向けの広告であれば、外国人や海外事業者も規制対象となります。広告代理店やアフィリエイターなどは、医療機関からの依頼に基づき広告を掲載する際には、違法な広告内容になっていないか注意する必要があります。

3 禁止される広告

[1] 広告が可能とされていない事項の広告

　医療法6条の5第3項は「次に掲げる事項以外の広告がされても医療を受ける者による医療に関する適切な選択が阻害されるおそれが少ない場合として厚生労働省令で定める場合を除いては、次に掲げる事項以外の広告

をしてはならない」と規定しており、医療広告は、患者の治療選択等に資する情報として、医療法又は「医業、歯科医業若しくは助産師の業務又は病院、診療所若しくは助産所に関して広告することができる事項」（平成19年厚生労働省告示第108号。以下「広告告示」という）により広告可能とされた事項を除いて原則禁じられています。

例えば、「死亡率、術後生存率等」は、対象患者の状態等による影響も大きく、適切な選択に資する情報であるとの評価がなされる段階にはないことから、広告可能な事項ではないとされています。

［2］虚偽広告

医療法6条の5第1項には「虚偽の広告をしてはならない」とあり、広告内容が虚偽である場合、患者等に著しく事実に相違する情報を与え、患者等が適切な受診機会を喪失したり、不適切な医療を受けるおそれがあることから、6月以下の懲役又は30万円以下の罰金という罰則付き（医療法87条1号）で禁じられています。

例えば、「どんな難しい症例でも必ず成功します」などの表現は、絶対安全な手術等は医学上あり得ないので、虚偽広告と扱われます。

［3］比較優良広告

医療法6条の5第2項1号に規定する「他の病院又は診療所と比較して優良である旨の広告をしないこと」とは、特定又は不特定の他の医療機関と自らを比較の対象とし、施設の規模、人員配置、提供する医療の内容等について、自らの医療機関が他の医療機関よりも優良である旨を広告することを意味し、禁じられています。

例えば、「日本一」等の最上級の表現その他優秀性について著しく誤認を与える表現は、客観的な事実であったとしても禁止されます。

また、著名人との関連性を強調するなど、患者等に対して他の医療機関より著しく優れているとの誤認を与えるおそれがある表現は、患者等を不

当に誘引するおそれがあることから、比較優良広告とされています。

［4］ 誇大広告

医療法6条の5第2項2号に規定する「誇大な広告」とは、必ずしも虚偽ではないが、施設の規模、人員配置、提供する医療の内容等について、事実を不当に誇張して表現したり、人を誤認させる広告を意味し、禁じられています。

例えば、「比較的安全な手術です」という表現は、何と比較して安全であるか不明であり、誇大広告と扱われます。

［5］ 患者等の主観に基づく治療等の内容又は効果に関する体験談

医療法施行規則（昭和23年厚生省令第50号）（以下「省令」という）1条の9第1号に規定する「患者その他の者の主観又は伝聞に基づく、治療等の内容又は効果に関する体験談の広告をしてはならないこと」とは、医療機関が、治療等の内容又は効果に関して、患者自身の体験や家族等からの伝聞に基づく主観的な体験談を、当該医療機関への誘引を目的として紹介することを意味します。

こうした体験談は、個々の患者の状態等により当然にその感想は異なるものであり、誤認を与えるおそれがあることを踏まえ、医療広告としては認められません。

なお、個人が運営するウェブサイト、SNSの個人のページ及び第三者が運営するいわゆる口コミサイト等への体験談の掲載は、医療機関が広告料等の費用負担等の便宜を図って掲載を依頼しているなどによる誘引性が認められない場合には、広告に該当しません。

［6］ 治療等の前又は後の写真等

省令1条の9第2号に規定する「治療等の内容又は効果について、患者等を誤認させるおそれがある治療等の前又は後の写真等の広告をしてはならないこと」とは、いわゆるビフォーアフター写真等を意味します。

個々の患者の状態等により当然に治療等の結果は異なるものであること
を踏まえ、誤認させるおそれがある写真等については医療広告としては認
められません。例えば、術前又は術後（手術以外の処置等を含む）の写真
やイラストのみを示し、説明が不十分なものの掲載は禁じられています。

　もっとも、術前又は術後の写真に通常必要とされる治療内容、費用等に
関する事項や、治療等の主なリスク、副作用等に関する事項等の詳細な説
明を付した場合については、これにあたらないものとされています。

［7］ 公序良俗に反する内容の広告

　医療法6条の5第2項3号に規定する「公の秩序又は善良の風俗に反す
る内容の広告をしないこと」とは、わいせつもしくは残虐な図画や映像又
は差別を助長する表現等を使用した広告など公序良俗に反する内容の広告
を意味し、医療広告としては認められません。

［8］ その他

（1） 他法令又は他法令のガイドラインで禁止されている内容

　医療広告の掲載にあたっては、他法令の規制にも注意を払う必要がある
ところ、医療機関が関係する代表的な規制は以下のとおりです。

① 医薬品医療機器等法

　医薬品、医療機器等の品質、有効性及び安全性の確保等に関する法律66
条1項は、医薬品・医療機器等の名称や、効能・効果、性能等に関する虚
偽・誇大広告を禁止しています。

　また、同法68条により、承認前の医薬品・医療機器について、その名称
や、効能・効果、性能等についての広告が禁止されています。

② 健康増進法

　健康増進法31条1項は、何人も、食品として販売に供する物に関して、
健康の保持増進の効果等について、著しく事実に相違する表示をし、又は
著しく人を誤認させるような表示をしてはならないとしています。

③ 景品表示法

不当景品類及び不当表示防止法5条は、商品又は役務の品質等について、一般消費者に対し、実際のもの又は事実に相違して競争事業者のものよりも著しく優良であると示す表示又は取引条件について実際のもの又は競争事業者のものよりも著しく有利であると一般消費者に誤認される表示であって、不当に顧客を誘引し、一般消費者による自主的かつ合理的な選択を阻害するおそれがあると認められる表示等が禁止されています。

④ 不正競争防止法

不正競争防止法2条1項14号は、役務の広告等に、その役務の質、内容等について誤認させるような表示をする等の行為を「不正競争」とし、不正の目的をもって上記不正競争を行う者に、5年以下の懲役もしくは500万円以下の罰金又はこれの併科とし（同法21条2項1号）、禁じています。

(2) 品位を損ねる内容の広告

医療広告は、患者や地域住民等が広告内容を適切に理解し、治療等の選択に資するよう、客観的で正確な情報の伝達に努めなければならないものであることから、例えば、①「ただいまキャンペーン実施中」など費用を強調した広告、②「無料相談者全員にクオカードをプレゼント」など提供される医療の内容とは直接関係ない事項による誘引は、医療機関や医療の内容について品位を損ねるおそれがあるので、慎むべきとされています。

4 広告可能な事項の基本的な考え方

医療法6条の5第3項の規定により、医療を受ける者による医療に関する適切な選択が阻害されるおそれが少ない場合として厚生労働省令で定める場合を除き、医療法又は広告告示により、医療広告として広告可能な事項は、患者の治療選択等に資する情報であることを前提とし、医療の内容等については、客観的な評価が可能であり、かつ事後の検証が可能な事項

第7章　その他の相談事例　　161

に限られています。

　医療法6条の5第3項及び広告告示が定める広告可能な事項は、おおむね以下のとおりです。

条文	広告可能な事項
医療法6条の5第3項1号	医師又は歯科医師である旨
同条項2号	診療科名（ただし、広告可能な診療科名やその組み合わせは定まっているので確認が必要です）
同条項3号	病院等の名称、電話番号及び所在場所並びに病院等の管理者の氏名
同条項4号	診療日もしくは診療時間又は予約による診療の実施の有無
同条項5号	法令の規定に基づき一定の医療を担うものとして指定を受けた病院等又は医師等である旨（例えば、保険医療機関である旨）
同条項6号	地域医療連携推進法人の参加病院等である旨
同条項7号	入院設備の有無、病床の種別ごとの数、医師等の員数その他の病院等における施設、設備又は従業者に関する事項（ただし、従業員の人数や配置割合は、変動するので、いつの時点での数値か歴月単位で併記する必要があり、少なくとも年一度は更新する必要があります）
同条項8号	病院等において診療に従事する医師等の氏名、年齢、性別、役職及び略歴、及び医療従事者の専門性に関する認定を受けた旨
同条項9号	患者等からの医療に関する相談に応ずるための措置、医療の安全を確保するための措置、個人情報の適正な取扱いを確保するための措置その他の当該病院等の管理又は運営に関する事項（例えば、休日・夜間診療を実施している旨や平均待ち時間）
同条項10号	紹介可能な他の医療機関等や保健医療サービス等を提供する者の名称、共同で利用する設備又は医療機器等の他の医療機関等との連携に関する事項
同条項11号	診療録など病院等における医療情報の提供に関する事項
同条項12号	病院等において提供される医療の内容に関する事項
同条項13号	病院等における患者の平均的な入院日数、平均的な外来患者又は入院患者の数、その他手術件数など医療の提供の結果に関する事項
同条項14号	その他

　なお、医療広告に関しては、2018（平成30）年5月8日付け「医業若し

くは歯科医業又は病院若しくは診療所に関する広告等に関する指針（医療広告ガイドライン）等について」及び2018（平成30）年8月10日付け「医業若しくは歯科医業又は病院若しくは診療所に関する広告等に関する指針（医療広告ガイドライン）に関するQ&Aについて」が作成（2018年10月24日改訂）されており、規制内容が細かく定められていますので、実際に医療広告を出す際には、同ガイドラインを確認の上、必要であれば当局（当該該病院等を管轄する都道府県、保健所設置市又は特別区）に確認することが重要です。

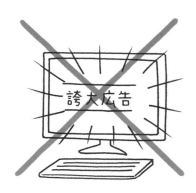

医療法人とM&Aにかかる諸問題

Q 持分の定めのある社団たる医療法人（経過措置型医療法人）Aの理事長（社員）を務めておりますが、高齢であることもあり、当該医療法人Aを医療法人Bに承継させることを考えています。どのような方法がありますか。

A 事業譲渡、出資持分の譲渡、社員の入社・退社、吸収合併、又は吸収分割による方法が考えられます。

1 事業譲渡

　ひとつの方法は、医療法人Aの全事業（病院施設等）を他の医療法人Bに事業譲渡することです。事業譲渡とは、一定の営業目的のために組織化され、有機的一体として機能する財産を譲渡することです。

　医療法人Bは、医療法人Aの事業を譲り受け、新たに病院を開設することになりますので、病院開設に際して開設地の都道府県知事の許可（医療法7条1項）、及び構造設備使用検査を経て、許可証の交付（医療法27条）などの行政手続を行わなければなりません。

　一方、医療法人Aは、全事業を譲渡した後、社員総会の決議と都道府県知事の認可（医療法55条6項）を得て、解散させることになります（医療法55条1項3号）。また、医療法人Aは、事業譲渡にあたって、引き続き勤務する従業員や入院を継続する入院患者から個別に同意を得る必要があります。

2 出資持分の譲渡

　次に、医療法人Aを存続させたまま、出資持分を譲渡し、社員を交替させることで、実質的に医療法人Bが医療法人Aを承継する方法があり

ます。

［1］承継プロセス

① まず、買い手側医療法人Ｂの関係者で医療法人Ａの理事長候補者（自然人Ｃ）その他自然人が、医療法人Ａの社員総会の決議を経て、医療法人Ａの社員として就任します。この時点で、医療法人Ａの社員総会において、既存の社員からも賛同を得る等により、社員の頭数で社員の過半数（可能であれば100％）を押さえておくことが重要です。

② 次に、自然人Ｃ（医療法人Ａの社員）その他医療法人Ｂの関係者である自然人・法人（医療法人を除く）が、売り手側から医療法人Ａの出資持分を譲り受けます（出資持分の譲渡）。

③ その後、自然人Ｃら（医療法人Ａの社員）の下、医療法人Ａの社員総会で、新理事及び新理事長を選任します。

④ 最後に、売り手である医療法人Ａの既存の社員が必要に応じて退社することで、医療法人の承継を完了させます。

［2］メリット

この手法によると、病院開設のための都道府県知事の許可等の手続は不要になります。また、従業員や入院患者の移転はないので、個別に同意を得る必要もありません。

［3］出資持分の譲渡

出資持分の譲渡に関して、以下のとおり、社員間における医療法人の出資持分の譲渡は定款に反しない限り許されるという裁判例（浦和地判昭和57年6月28日判タ477号202頁）が存在します。

二 ところで、明浩会は、右のとおり医療法により設立された医療法人であるが、医療法によれば医療法人は都道府県知事の認可を受けて設立され、設立後も知事の一定の監督を受け、剰余金の配当を禁じられている

等民法上の法人に準ずる公益的性格を有するものの、社団法人である当該医療法人の社員が社員の地位ないし社員としての出資に基き法人に対して有する権利（出資持分）を他人に譲渡することも、医療法人の存立運営を害するものといえず、当該法人の定款に反しない限りこれを許さないものと解すべきいわれはない。〈証拠〉によれば明浩会の定款には「社員になろうとする者は総会の承認を得なければならない」旨、社員は退社した場合「その出資額に応じて」金銭の払戻を受け、法人が解散した場合「出資額に応じて」残余財産の分配を受けられるとか規定されていることが認められ、これに前示一のとおり社員はいずれも一口当り金300万円の出資を行つていることを合せ考えると、明浩会の社員としての出資持分の財産性を否定することはできず、新社員の加入を招来する社員以外への出資持分の譲渡が当然に許されるか否かはともかくとして、社員間における出資持分の譲渡（本件にあつては、被告が現に明浩会の社員である原告に対し、社員としての出資持分を譲渡するものである。）は、右法人の定款の趣旨にも反しないものというべきである。

　もっとも、上記裁判例は社員外への出資持分の譲渡の有効性には言及しておりません。株式会社[57]は社員にはなれないものの、医療法人への出資を禁止した規定がないことから、医療法人の出資持分を譲り受けることも可能と考えます。

　ただし、医療法人が他の持分の定めのある医療法人の出資持分を保有することはできません（医療法41条、同法施行規則30条の34）。

［4］ 社員の地位

　社員は、社団医療法人の構成員であり、社員総会の承認を得てなります。自然人だけでなく法人（営利を目的とする法人を除く）も社員になるこ

57　「医療法人に対する出資又は寄附について」（平成３年１月17日　指第１号）（東京弁護士会会長あて厚生省健康政策局指導課長回答）

とが可能です。未成年者[58]でも、自分の意思で議決権が行使できる程度の弁別能力を有していれば（義務教育終了程度の者）社員となることができるとされています。

　なお、出資持分のある社団医療法人において、社員の地位は出資持分と結合しておらず、出資持分を全く有しない社員も存在し得、社員総会では出資持分にかかわらず1社員1議決権となっています。

❸ 入社・退社方式

　売り手側の医療法人Aの社員が定款の定めに従って退社し、出資持分に応じた払戻しを受け、同時に社員総会の決議により、買い手側の医療法人Bの関係者が医療法人Aの社員として入社することで、社員を交替する方法があります。

　なお、買い手側の入社に際して、入社する社員全員が医療法人Aに財産を出資する必要はありません。この方法によっても、都道府県等に対する行政手続は不要です。上記❷の出資持分譲渡方式との違いは、課税面にあります。

❹ 合併

　医療法人Aがその権利義務の全部を吸収合併により医療法人Bに承継させる方法が考えられます（医療法58条）。

［1］ 合併の意義

　「合併」とは、2以上の医療法人が法定の手続によって行われる医療法人相互間の契約によって1の医療法人となることであり、消滅する医療法人の全資産が包括的に存続する医療法人又は新設の医療法人に移転すると

58　厚生労働省「医療法人運営管理指導要綱」

同時に、その社員が存続する医療法人又は新設の医療法人の社員となる効果を伴うものです。社団たる医療法人と財団たる医療法人の合併も認められます。

吸収合併は医療法人が他の医療法人とする合併であって、合併により消滅する医療法人の権利義務の全部を合併後存続する医療法人に承継させるものをいい、新設合併は、2以上の医療法人がする合併であって、合併により消滅する医療法人の権利義務の全部を合併に伴い新設する医療法人に承継させるものをいいます。

なお、新設合併設立医療法人は、医療法人の新設を行うこととなるため、新設合併前の医療法人がいずれも持分の定めのある医療法人である場合であっても、新設合併設立医療法人は持分の定めのない医療法人となります。

［2］合併手続

(1) 合併決議及び認可

① 吸収合併の場合

医療法人が吸収合併をする場合には、吸収合併存続医療法人と吸収合併消滅医療法人との間で、吸収合併後2年間の事業計画又はその要旨など法定事項を定めた吸収合併契約を締結します（医療法58条）。

社団たる医療法人にあっては、吸収合併消滅医療法人の社員は、吸収合併契約に別段の定めのない限り、吸収合併存続医療法人の社員となります。

吸収合併前の医療法人のいずれもが持分の定めのある医療法人である場合、吸収合併存続医療法人の定款において残余財産の帰属すべき者に関する規定を設けるときは、国もしくは地方公共団体、医療法31条に定める公的医療機関の開設者又はこれに準ずる者として厚生労働大臣が認めるもの及び持分の定めのない医療法人以外の者を残余財産の帰属すべき者として規定することができます。

したがって、合併前の医療法人がいずれも持分の定めのある医療法人である場合には、合併後も持分の定めのある医療法人とでき、合併前の医療法人のいずれかが持分の定めのない医療法人である場合には、合併後は、持分の定めのない医療法人となります。

② 新設合併の場合

　医療法人が新設合併をする場合には、新設合併消滅医療法人間で、新設合併設立医療法人の定款又は寄付行為で定める事項などの法定事項を定めた新設合併契約を締結します（医療法59条）。

　新設合併消滅医療法人の社員は、新設合併契約に別段の定めのない限り、新設合併設立医療法人の社員となります。

　新設合併設立医療法人は、医療法人の新設を行うこととなるため、新設合併前の医療法人がいずれも持分の定めのある医療法人である場合であっても、新設合併設立医療法人は持分の定めのない医療法人となります。

③ 合併決議

　社団たる医療法人にあっては、吸収合併契約又は新設合併契約について、当該医療法人の総社員の同意を得なければなりません（医療法58条の２第１項）。

　財団たる医療法人にあっては、寄附行為に吸収合併又は新設合併をすることができる旨の定めがある場合に限り、吸収合併又は新設合併をすることができ、吸収合併契約又は新設合併契約について、寄附行為に別段の定めがない限り、理事の３分の２以上の同意を得なければなりません（医療法58条の２第２項、59条の２）。

　なお、吸収合併存続医療法人及び新設合併設立医療法人について、合併する医療法人が社団たる医療法人のみである場合にあっては社団たる医療法人、合併する医療法人が財団たる医療法人のみである場合にあっては財団たる医療法人となります。

第７章　その他の相談事例　　169

④　都道府県知事による認可

　吸収合併又は新設合併は、吸収合併存続医療法人又は新設合併設立医療法人の主たる事務所の所在地の都道府県知事の認可を受けなければ、その効力を生じません（医療法58条の2第4項、59条の2）。

　都道府県知事は、当該認可をし、又は認可をしない処分をするにあたっては、あらかじめ、都道府県医療審議会の意見を聴かなければなりません（医療法58条の2第5項、59条の2）。また、合併の不認可処分をする場合、当該処分の名宛人に対し、その指名した職員又はその他の者に対して弁明する機会を与えなければなりません（医療法67条）。

(2)　債権者保護

　医療法人は、都道府県知事の吸収合併又は新設合併の認可があったときは、その認可の通知のあった日から2週間以内に、合併がその債権者に重大な利害関係があることに鑑み、債権者保護のために、その時点における財産目録及び貸借対照表を作成しなければなりません（医療法58条の3、59条の2）。

　医療法人は、吸収合併又は新設合併の認可の通知のあった日から2週間以内に、その債権者に対し、異議があれば一定の期間（2カ月以上）内に述べるべき旨を公告し、かつ、判明している債権者に対しては、各別にこれを催告しなければなりません。

　債権者が上記期間内に吸収合併又は新設合併に対して異議を述べなかったときは、吸収合併又は新設合併を承認したものとみなされます。債権者が異議を述べたときは、医療法人は、これに弁済をし、もしくは相当の担保を提供する等しなければなりません（医療法58条の4、59条の2）。

(3)　権利義務の承継

　吸収合併存続医療法人及び新設合併設立医療法人は、吸収合併消滅医療法人の一切の権利義務（病院開設の許可、公租公課の賦課等当該医療法人が

その行う事業に関し行政庁の認可その他の処分に基づいて有する権利義務を含む）を自動的にかつ包括的に承継します（医療法58条の5、59条の3）。ただし、病院開設の許可の変更届等は必要になります。

5 分割

医療法人Aが吸収分割により、その権利義務の全部を医療法人Bに承継させる方法が考えられます（医療法60条）。

［1］分割の意義

「分割」とは、法定の手続によって行われる医療法人相互間の契約であり、当事者たる医療法人が事業に関して有する権利義務の全部又は一部を他の存続する医療法人又は新設の医療法人に移転する効果を持つものです。

吸収分割は、医療法人がその事業に関して有する権利義務の全部又は一部を分割後他の医療法人に承継させるものをいい、新設分割は、1又は2以上の医療法人がする分割であって、その事業に関して有する権利義務の全部又は一部を分割に伴い新設する医療法人に承継させるものをいいます。

社会医療法人、特定医療法人、持分の定めのある医療法人は、吸収分割医療法人及び新設分割医療法人にはなれませんが、吸収分割承継医療法人になることはできます。

なお、分割により、医療法人が有する権利義務の全部を他の医療法人又は分割により設立する医療法人に承継させた場合であっても、当該医療法人は当然に消滅せず、当該医療法人を消滅させるためには別途解散の手続が必要です。

［2］分割手続

分割手続は、合併手続に類似しています。

第7章　その他の相談事例　　171

(1) 分割決議及び認可

① 吸収分割契約（吸収分割の場合）

医療法人が吸収分割する場合には、吸収分割医療法人及び吸収分割承継医療法人との間で、承継する資産、債務、雇用契約その他の権利義務など法定事項を定めた吸収分割契約を締結します（医療法60条、60条の2）。

② 新設分割計画（新設分割の場合）

医療法人が新設分割をする場合には、新設分割設立医療法人の定款又は寄附行為で定める事項などの法定事項を定めた新設分割計画を作成します（医療法61条、61条の2）。

③ 分割決議

社団たる医療法人にあっては、吸収分割契約又は新設分割計画について、当該医療法人の総社員の同意を得なければなりません（医療法60条の3第1項、61条の3）。

また、財団たる医療法人にあっては、寄附行為に吸収分割又は新設分割をすることができる旨の定めがある場合に限り、吸収分割又は新設分割をすることができ（医療法60条の3第2項、61条の3）、吸収分割契約又は新設分割計画について、理事の3分の2以上の同意を得なければなりません（医療法60条の3第3項、61条の3）。

④ 都道府県知事による認可

吸収分割又は新設分割は、吸収分割承継医療法人又は新設分割設立医療法人の主たる事務所の所在地の都道府県知事の認可を受けなければ、その効力を生じません（医療法60条の3第4項、61条の3）。また、都道府県知事は、当該認可をし、又は認可をしない処分をするにあたっては、あらかじめ、都道府県医療審議会の意見を聴かなければなりません。

都道府県知事は、分割の不認可処分をする場合、当該処分の名宛人に対し、その指名した職員又はその他の者に対して弁明する機会を与えなけれ

ばなりません（医療法67条）。

(2) 債権者保護

　吸収分割又は新設分割においても、吸収合併又は新設合併と同様の債権者保護手続が定められています（医療法60条の４、60条の５、61条の３）。

　吸収分割医療法人又は新設分割医療法人の債権者であって、債権者保護手続における催告を受けなかった者は、吸収分割契約又は新設分割計画において、吸収分割後又は新設分割後に吸収分割医療法人又は新設分割医療法人に対して債務の履行を請求することができないものとされているときであっても、吸収分割医療法人又は新設分割医療法人に対して、吸収分割医療法人又は新設分割医療法人が分割の登記のあった日に有していた財産の価額を限度として、当該債務の履行を請求することができます（医療法60条の６第２項、61条の４第２項）。

　また同様に、各別の催告を受けなかった者は、吸収分割契約又は新設分割計画において、吸収分割後又は新設分割後に吸収分割承継医療法人又は新設分割設立医療法人に対して債務の履行を請求することができないものとされているときであっても、吸収分割承継医療法人又は新設分割設立医療法人に対して、その承継した財産の価額を限度として、当該債務の履行を請求することができます（医療法60条の６第３項、61条の４第３項）。

(3) 権利義務の承継

　吸収分割承継医療法人又は新設分割設立医療法人は、吸収分割契約又は新設分割計画の定めに従い、吸収分割医療法人又は新設分割医療法人の権利義務を承継します。ただし、病院開設の許可の変更届等は必要になります（医療法60条の６第１項、61条の４第１項）。

(4) 会社分割に伴う労働契約の承継等に関する法律等の準用

　吸収分割契約及び新設分割計画においても、医療法人の職員等の意思を尊重する必要がある点は、会社分割の場合と異ならないため、医療法62条

第7章　その他の相談事例　　173

において、労働契約承継法の準用を定めています。

　分割にあたっては、労働契約承継法、労働契約承継法施行規則及び労働契約承継法指針の規定に留意し、職員等の保護を図り、職員等の意思の尊重に努める必要があります。

〈参考文献〉

・中山信弘『著作権法 第2版』有斐閣、2014年

・川西譲ほか『医療法律相談室—医療現場の悩みに答える』法律文化社、2017年

・「医業若しくは歯科医業又は病院若しくは診療所に関する広告等に関する指針（医療広告ガイドライン）等について」（医政発0508第1号）（https://www.mhlw.go.jp/file/06-Seisakujouhou-10800000-Iseikyoku/0000206548.pdf）

・「医療法人の合併及び分割について」（医政発0325第5号）（https://www.mhlw.go.jp/file/06-Seisakujouhou-10800000-Iseikyoku/0000080739_1.pdf）

第Ⅱ部

介護

第1章

介護虐待

高齢者虐待―総論

Q 高齢者虐待防止法では、どのような行為が「虐待」とされていますか。具体的事例を挙げて教えてください。

A 高齢者虐待防止法では、養護者又は養介護施設従事者による虐待を「高齢者虐待」と定め（法2条3項）、具体的には以下の行為を「虐待」として規定しています（法2条4項、5項）。

(1) 身体的虐待
高齢者の身体に外傷が生じ、又は生じさせるおそれのある暴力を加えること

(2) 介護・世話の放棄・放任
高齢者を衰弱させるような著しい減食、長時間の放置、養護者以外の同居人による虐待行為の放置など、養護を著しく怠ること

(3) 心理的虐待
高齢者に対する著しい暴言又は著しく拒絶的な対応その他の高齢者に著しい心理的外傷を与える言動を行うこと

(4) 性的虐待
高齢者にわいせつな行為をすること又は高齢者をしてわいせつな行為をさせること

(5) 経済的虐待
高齢者の財産を不当に処分することその他当該高齢者から不当に財産上の利益を得ること

1 高齢者虐待防止法・マニュアル

　2005（平成17）年11月1日に成立した「高齢者虐待の防止、高齢者の養護者に対する支援等に関する法律」（高齢者虐待防止法）は、2006（平成18）年4月1日から施行されました。施行後すでに10年以上が経過し、各自治体において高齢者虐待防止体制が整えられつつある一方で、高齢者虐待は依然として増加傾向にあります。

当該傾向を表すものとして、2018（平成30）年3月9日、「平成28年度『高齢者虐待の防止、高齢者の養護者に対する支援等に関する法律』に基づく対応状況等に関する調査結果」が厚労省から発表されました[1]。

　同調査結果によると、養介護施設従事者等による虐待については、相談・通報件数は1,723件、虐待判断件数は452件（前年比10.8％増）に、養護者による虐待については、相談・通報件数は27,940件、虐待判断件数は16,384件（前年比2.6％増）となっています。

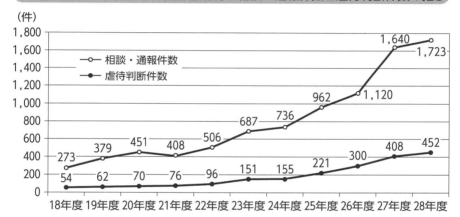

出典：厚生労働省「平成28年度『高齢者虐待の防止、高齢者の養護者に対する支援等に関する法律』に基づく対応状況等に関する調査結果」（資料1）

　あわせて、国は、法の施行にあわせ2006（平成18）年4月に高齢者虐待防止に関するマニュアルである「市町村・都道府県における高齢者虐待への対応と養護者支援について」を作成しているところ、2018（平成30）年3月の各自治体における高齢者虐待への取組状況その他の制度運用状況を

1　https://www.mhlw.go.jp/stf/houdou/0000196989.html

踏まえつつ、同マニュアルの改訂版を公表しました（平成30年3月 厚生労働省老健局）[2]。

また、高齢者虐待の中でも重篤事案（死亡事案を含む）の特徴や事後検証の手法等について、平成29年度老人保健事業推進費補助金（老人保健健康推進等事業）の調査研究が実施されました。この研究成果については認知症介護研究・研修仙台センターが冊子（「高齢者虐待における重篤事案～特徴と検証の指針～」）を作成し、ホームページで公表しています[3]。

2 具体的な虐待類型

養護者による高齢者虐待類型（例）

区分	具体的な例
(1) 身体的虐待	① 暴力行為で、痛みを与えたり、体にあざや外傷を与える行為 ［具体例］ ・平手打ちをする。つねる。火傷、打撲をさせる。 ・刃物や器物で外相を与える。など ② 本人に向けられた危険な行為や身体に何らかの影響を与える行為。 ［具体例］ ・本人に向けて物を壊したり、投げつけたりする。など ③ 本人の利益にならない強制による行為によって痛みを与えたり、代替方法があるにもかかわらず高齢者を乱暴に取り扱う行為。 ［具体例］ ・医学的判断に基づかない痛みを伴うようなリハビリを強要する。 ・移動させるときに無理に引きずる。むりやり食事を口に入れる。など ④ 外部との接触を意図的、継続的に遮断する行為。 ［具体例］ ・身体を拘束し、自分で動くことを制限する。つなぎ服を着せる。意図的に薬を過剰に服用させて動きを抑制する。 ・外からカギをかけて閉じ込める。など

2　https://www.mhlw.go.jp/stf/seisakunitsuite/bunya/0000200478.html
3　http://www.dcnet.gr.jp/support/research/center/detail_311_center_3.php

(2) 介護・世話 の放棄・放任	① 意図的であるか、結果的であるかを問わず、介護や生活の世話を行っている者が、その提供を放棄又は放任し、高齢者の生活環境や、高齢者自身の身体・精神的状態を悪化させていること。 ［具体例］ ・入浴しておらず異臭がする、髪や爪が伸び放題だったり、皮膚や衣服、寝具が汚れている。 ・脱水症状や栄養失調の状態にある。 ・室内にごみを放置する、冷暖房を使わせない。など ② 専門的診断や治療、ケアが必要にもかかわらず、高齢者が必要とする医療・介護保険サービスなどを、周囲が納得できる理由なく制限したり使わせない、放置する。 ［具体例］ ・徘徊や病気の状態を放置する。 ・虐待対応従事者が、医療機関への受診や専門的ケアが必要としているにもかかわらず、無視する。 ・本来や入院や治療が必要にもかかわらず、強引に病院や施設等から連れ帰る。など ③ 同居人等による高齢者虐待と同様の行為を放置する。 ［具体例］ ・孫が高齢者に対して行う暴力や暴言行為を放置する。など
(3) 心理的虐待	・脅しや侮辱などの言語や威圧的な態度、無視、嫌がらせ等によって、精神的苦痛を与えること。 ［具体例］ ・老化現象やそれに伴う言動などを嘲笑したり、それを人前で話すなどにより、高齢者に恥をかかせる（排泄の失敗、食べこぼしなど）。 ・怒鳴る、ののしる、悪口を言う。 ・侮辱を込めて、子供のように扱う。 ・排泄交換や片づけをしやすいという目的で、本人の尊厳を無視してトイレに行けるのにおむつをあてたり、食事の全介助をする。 ・家族や親族、友人等の団らんから排除する。など

第1章 介護虐待 　183

(4) 性的虐待	● 本人との間で合意が形成されていない、あらゆる形態の性的な行為又はその強要
	［具体例］
	・排泄の失敗に対して懲罰的に下半身を裸にして放置する。
	・排泄や着替えの介助がしやすいという目的で、下半身を裸にしたり、下着のままで放置する。
	・人前で排泄行為をさせる、オムツ交換をする。
	・キス、性器への接触、セックスを強要する。
	・わいせつな言葉を投げかけたり、わいせつな映像や写真を見せる。
	・自慰行為を見せる。など
(5) 経済的虐待	● 本人の合意なしに財産や金銭を使用し、本人の希望する金銭の使用を理由なく制限すること。
	［具体例］
	・日常生活に必要な金銭を渡さない、使わせない。
	・本人の自宅等を本人に無断で売却する。
	・年金や預貯金を無断で使用する。
	・入院や受診、介護保険サービスなどに必要な費用を支払わない。など

出典：厚生労働省労健局「市町村・都道府県における高齢者虐待への対応と養護者支援について（平成30年3月改訂）」

　高齢者虐待防止法では、上記虐待類型を「虐待」として規定していますが（法2条4項、5項）、これらは広い意味で高齢者虐待を「高齢者が他者からの不適切な扱いにより権利利益を侵害される状態や生命、健康、生活が損なわれるような状態に置かれること」と捉えているといえます。

　したがって、上記虐待類型に当てはまるか否かの判断が難しいケースであっても、高齢者の生命、健康、生活が損なわれるような状態に置かれているか、すなわち、高齢者が安心・安全に暮らす権利が脅かされていないか、といった観点から判断することが肝要です。

身体的虐待と身体拘束

Q 入居中の高齢者が昼夜問わず徘徊し、過去にも何回か転倒したことがありました。そこで転倒防止のため、夜間のみ高齢者をベッドに拘束したいと考えています。このような身体拘束が認められるのはどのような場合でしょうか。

A 入居中の高齢者に対する身体的拘束は原則として禁止されています。しかし、当該入所者の生命又は身体を保護するため緊急やむを得ない場合には、身体拘束を含め行動制限ができるものとされています。本ケースの場合も、身体拘束原則禁止の例外として認められる可能性があるといえます。

1 介護老人保健施設の人員、施設及び設備並びに運営に関する基準

1999（平成11）年3月31日に発出された、「介護老人保健施設の人員、施設及び設備並びに運営に関する基準（厚生省令第40号）」13条4項では、「介護老人保健施設は、介護保健施設サービスの提供に当たっては、当該入所者又は他の入所者等の生命又は身体を保護するため緊急やむを得ない場合を除き、身体的拘束その他入所者の行動を制限する行為（以下「身体的拘束等」という。）を行ってはならない」と定められています。

そして、同条に規定する「緊急やむを得ない場合」とは、

① 切迫性　：本人や他の入所者の生命又は身体が危険にさらされる可能性が著しく高い場合
② 非代替性：身体的拘束以外に代替する介護方法がないこと
③ 一時性　：身体拘束その他の行動制限が一時的なものであること

のいずれも満たすことが必要とされています。

このように、高齢者に対する身体拘束等は原則として禁止されていますが、本人や他の入所者等の生命身体を保護するために緊急やむを得ない場

合に限って、身体的虐待にはあたらず拘束が許されることになります。

2 裁判例 (東京地判平成24年3月28日)

[1] 事例

70代後半の自立歩行困難な高齢者がたびたび施設内で転倒を繰り返し、認知症専門棟に移動した後、施設職員の指示に従わず立ち上がろうとしたり歩行しようとするなどしたため、エプロン型帯又はY字帯で拘束した事例。

[2] 裁判所の判断

裁判所は「入所利用契約上、被告は原則として原告の身体を拘束しない義務を負っているが、自傷他害のおそれがある等緊急やむを得ない場合には、施設長の判断で身体拘束等を行うことがある旨規定しているところからみて、身体拘束は緊急やむを得ないと認められる場合には許容されるというべきである。」「本件において、被告は、いずれも原告が一人で歩行しようとするなどしたため」「転倒の危険を避けるために一時的に行ったものである」「から、原告の転倒の危険を避けるために身体拘束が必要であり、他に適切な代替方法があったとは認めがたい。」「しかも、身体拘束の態様及び方法は必要最小限度である。」として、被告である施設側の拘束行為は緊急やむを得ず行ったものであることを理由に、不法行為の成立を認めず、施設側の責任を否定しました。

[3] 本判決のポイント

この裁判例によると、①切迫性、②非代替性、③一時性の3要件のほか、④態様及び方法が必要最小限度であることも許容性の要素として考慮されている点がポイントです。

3要件を満たす場合であっても、身体拘束の態様及び方法が必要最小限度であることが求められます。

❸ 身体拘束を検討する場合の留意点

　高齢者に対する身体的拘束はあくまでも緊急やむを得ない場合の例外であることから、安易な身体拘束は許されず、慎重な検討をする必要性があります。

　具体的には、身体拘束が必要と思われる事態が発生した場合、担当者のみの判断に任せず、複数の職員（管理職も含む）で例外3原則の該当性判断を行う必要があります。また、本人や家族に、身体拘束の目的・理由・時間帯・期間等をできる限り詳しく説明し、十分な理解を得ることが重要です。そして、状況をよく観察・検討し、要件に該当しなくなった場合には速やかに身体拘束を解除することも必要となります（厚生労働省「身体拘束ゼロ作戦推進会議」「身体拘束ゼロへの手引き」2001年）[4]。

　また、2018（平成30）年1月18日に「指定居宅サービス等の事業の人員、設備及び運営に関する基準等の一部を改正する省令等」（以下「改正省令等」という）が公布されました。

　この改正省令では、身体拘束にあたって施設に対して以下の措置を取ることが求められています。

- 身体的拘束等を行う場合には、その態様及び時間、その際の入所者の心身の状況並びに緊急やむを得ない理由を記録すること
- 身体的拘束等の適正化のための対策を検討する委員会を3月に1回以上開催するとともに、その結果について、介護職員その他従事者に周知徹底を図ること
- 身体的拘束等の適正化のための指針を整備すること
- 介護職員その他の従業員に対し、身体的拘束等の適正化のための研修を定期的に実施すること

4　http://www.fukushihoken.metro.tokyo.jp/zaishien/gyakutai/torikumi/doc/zero_tebiki.pdf

身体拘束を行う場合であっても、運営基準に則って運用することが求められる点に留意する必要があります。

経済的虐待

Q 認知症の高齢者の息子が、高齢者の年金を勝手に預金から引き出しパチンコなどのギャンブルに使っているようです。最近は施設利用料の支払いも滞りがちで、このままでは高齢者の財産がすべて息子に使われてしまうのではないかと心配しています。どのように対応したら良いでしょうか。

A 養護者による高齢者の預貯金の無断引き出しや浪費は、高齢者に対する経済的虐待にあたります。このような場合、成年後見制度を活用して、高齢者の財産を守る必要があります。

1 高齢者虐待防止法

　高齢者虐待防止法2条4項は、「養護者又は高齢者の親族が当該高齢者の財産を不当に処分することその他当該高齢者から不当に財産上の利益を得ること」（2号）を養護者による高齢者虐待と規定しています。

2 通報

　経済的虐待は、身体的虐待やネグレクトによる虐待とは異なり、周囲からはわかりづらいという特徴があります。

　経済的困窮がないはずなのに、費用負担のあるサービスを利用したがらない、医療機関へ受診させることを渋る、施設利用料の支払いが滞る、資産の保有状況と衣食住等生活状況との落差が激しくなるなど、経済的虐待が疑われる場合、施設側は速やかに市町村に通報する必要があります。

　経済的虐待の場合には、虐待発見者は通報の努力義務が課されているに過ぎませんが（高齢者虐待防止法7条2項）、経済的虐待は高齢者の財産権を侵害する行為ですので、積極的に通報するべきであるといえます。

　通報は、虐待のおそれがある場合であれば良く、虐待が確定的であるこ

第1章　介護虐待　　189

とまでは求められていません。

3 成年後見制度の利用

　高齢者が認知症などで事理弁識能力が無い場合は、成年後見制度の利用を検討することになります。

　高齢者虐待防止法9条2項において、市町村又は市町村長は、虐待通報又は届出があった場合には、高齢者に対する養護者による高齢者虐待の防止及び当該高齢者の保護が図られるよう、適切に老人福祉法32条の規定による審判の請求（成年後見等開始審判申立）をするものと規定しています。

　成年後見制度を利用するには、本人、配偶者、4親等内の親族が申し立てをすることが必要ですが、高齢者虐待の場合は、本人や養護者から申し立てをすることは期待できません。また、親族の協力を得られないことも多く、このような場合には、市町村長が申し立てを行うことになります。

　本人が低所得者で後見人の報酬支払いが困難な場合には、地域支援事業（成年後見制度利用支援事業）などの活用を検討します。

　また、成年後見人が選任されるまで、数カ月間の審理期間がかかることが通常です。そこで、緊急に対応しなければならないような場合には、審判前の保全処分の申し立て（財産管理者の選任）を行う必要があります（家事事件手続法126条1項、2項）。

4 本ケースの場合における施設側の対応

　まずは養護者である息子の財産管理状況を把握することが必要です。息子が年金を本人に無断で引き出している事実が確認できた場合、息子の行為は経済的虐待に該当すると考えられます。

　施設としては息子と協議を行い、施設側が財産保全を目的とした通帳・印鑑の管理を行うことができるよう息子の合意を得られれば良いのです

が、それが難しい場合、高齢者の事理弁識能力の状況に応じて、成年後見制度を活用することを検討することとなります。(審判前の保全処分の申し立てを含め)実際に手続をするのは市町村になりますので、施設は市町村に対する通報をし、手続を委ねることになります。

　ほかにも、息子を刑事手続(窃盗・横領等)で告発することや民事上の請求として損害賠償請求ないし不当利得に基づく返還請求(民法703条、709条)も検討することになりますが、これらの手続については成年後見人が選任されてから、成年後見人との協議によって進めていくことになります。

　なお、息子が任意に通帳やカードを本人に引き渡さない場合は、成年後見人が選任されるまでの間も預貯金の無断引き出しがなされる可能性も否定できません。そうすると、高齢者の生活に必要な金銭が支払われなかったり、施設利用料が未払いとなる危険性があります。

　このような場合、市町村や地域包括支援センターに対し、年金が振り込まれる高齢者本人名義の口座凍結(金融機関との調整が必要になります)や口座の変更を行うよう申し入れ、息子による預金の引き出しを防止する措置を取ってもらったり、審判前の保全処分の活用を検討してもらう必要があります。

養護者による虐待

Q 通所介護を利用している高齢者が最近異臭を放ち、体もやせ細ってきています。保健師に家庭訪問をしてもらったところ、自宅はゴミ屋敷で食事も満足に与えられないなど、同居の長女による虐待の疑いが出てきました。施設側はどのように対応したら良いでしょうか。

A 養護者による虐待の可能性が高いケースです。具体的事実を確認した上で市町村に通報し、事案に応じて適切な措置や養護者の支援を取るよう求めます。

❶ 養護者による高齢者虐待

　高齢者虐待防止法第2章では、養護者による高齢者虐待の防止、養護者に対する支援等を規定しています（法7条〜19条）。

　以下の一覧からも明らかなとおり、養護者の介護負担が虐待につながるケースも多いことから、養護者による虐待のみならず、養護者の負担軽減に関する規定も定められました。

虐待の発生要因（複数回答）：上位5位までの抜粋

要　因	件数	割合（%）
虐待者の介護疲れ・介護ストレス	1,241	27.4
虐待者の障害・疾病	964	21.3
経済的困窮（経済的問題）	670	14.8
虐待者の性格や人格（に基づく言動）	576	12.7
被虐待者と虐待者の虐待発生までの人間関係	472	10.4

出典：厚生労働省「平成28年度『高齢者虐待の防止、高齢者の養護者に対する支援等に関する法律』に基づく対応状況に関する調査結果」[5]

5　https://www.mhlw.go.jp/stf/houdou/0000196989.html

２ 虐待を発見した場合の施設の対応

［１］ 早期発見

　高齢者虐待防止法では、高齢者に仕事として関わっており虐待を発見しやすい立場にある者に対し、「高齢者虐待を発見しやすい立場にあることを自覚し、高齢者虐待の早期発見に努めなければならない」として、早期発見の努力義務を課しています（法５条）。

　具体的には、養介護施設、病院、保健所その他高齢者の福祉に業務上関係のある団体及び養介護施設従事者等、医師、保健師、弁護士が挙げられています。

　高齢者が介護保険サービスを利用している場合、ヘルパーやデイサービス職員、ケアマネージャーなどは、高齢者や養護者・家族等と接する機会も多いと思われます。これらの担当者が高齢者の身体面や行動面の変化、周囲の人間関係（養護者や親族等の関係）の様子の変化など、専門的知識を持って常に観察することが虐待の早期発見につながります。

［２］ 事実確認及び記録

　施設側が養護者による虐待のおそれがある事実を発見した場合には、それらの具体的事実（いつ、どのような経緯で虐待を知ったのか、何を見たのか、何を聞いたのか、誰から聞いたのか、高齢者の様子等）を確認し、記録として残すことが必要です。後に、養護者との間で虐待の事実関係が争われた場合に、虐待の事実認定のための資料となるため、客観的事実をできるだけ詳細に記録しておきます。

　高齢者への虐待の事実を保存するために高齢者本人の身体を写真撮影する必要が生じた場合には、本人のプライバシーに考慮した対応が必要となります。

　具体的には、写真撮影の目的を本人に丁寧に説明し、同意を得た上で、撮影部位を証拠保全に必要な範囲に限定するなどの配慮が求められます。

第1章　介護虐待　　193

認知症などで本人の同意を得られない場合であっても、写真撮影による証拠保全の必要性や緊急性、虐待該当性の高さなどを検討した上で、本人の同意なく写真撮影をすることが許される場合もあると考えられます。その場合であっても、証拠保全のために必要最小限度の範囲に限定することが重要です。

また、撮影した写真が外部に流出しないよう、保管にも十分留意しなければなりません。

［3］ 通報

養護者による虐待を発見した際、緊急性の高い場合であっても施設側だけで対応するのではなく、高齢者虐待防止法に定める市町村の定める公的機関に早急につなげる必要があります。

この点、法7条1項は「養護者による高齢者虐待を受けたと思われる高齢者を発見した者は、当該高齢者の生命又は身体に重大な危険が生じている場合は、速やかに、これを市町村に通報しなければならない」と通報義務を規定し、第2項で「前項に定める場合のほか、養護者による高齢者虐待を受けたと思われる高齢者を発見した者は、速やかに、これを市町村に通報するよう努めなければならない」として、通報の努力義務を規定しています。

これらの規定からわかるとおり、虐待が行われていることが確定的でなくとも、「高齢者虐待を受けたと思われる」高齢者を発見した場合には、速やかに市町村へ通報するよう努めるべきです。

3 「やむを得ない措置」（法9条）

［1］ 高齢者虐待防止法9条

高齢者虐待防止法9条2項は、在宅高齢者に対する虐待の防止及び当該高齢者の保護を図るため、緊急性のある場合には一時保護の措置をするほ

194　第Ⅱ部　介護

か、老人福祉法10条の４第１項（ヘルパーの派遣、デイサービスへの通所、ショートステイの利用等）、あるいは同法11条１項（養護老人ホームへの入所措置、特別養護老人ホームへのやむを得ない事由による措置、養護委託）の各制度を適切に利用することを規定しています。

「やむを得ない事由による措置」とは、「やむを得ない事由」によって契約による介護保険サービスを利用することが著しく困難な65歳以上の高齢者に対して、市町村長が職権により介護保険サービスを利用させることができるというものです。

介護保険サービスの利用に本人の同意が得られず、あるいは養護者の拒否があっても、ヘルパーの派遣等で、虐待状態が改善するような場合には、「やむを得ない措置」によってサービスを導入し、養護者や本人の理解を得られた後に介護保険サービスに移行するといった方法で活用することが期待できます。

この点、高齢者虐待防止法９条に基づく一時保護措置に対し、その違法性が争われたケースがあります。

［２］ 裁判例（東京地判平成27年１月16日判時2271号28頁）

⑴　事例

原告が、同人の母に対して被告市町村が講じた高齢者虐待防止法に基づく一時保護措置等（施設から医療機関への搬送及び警察署における保護）に関し、被告の職員に緊急性の判断を誤る等の違法及び過失があったとして、原告及び同人の母の精神的苦痛を理由に国家賠償法１条１項に基づき、771万3,800円及び遅延損害金の支払いを求めた事案。

⑵　裁判所の判断

「高齢者の虐待の防止及び高齢者の保護に向けた対応・措置については、これを担当する市町村の職員の合理的な裁量に委ねられており、その対応・措置が著しく不合理であって裁量の逸脱又は濫用と認められる場合に

限り、国家賠償法上違法であると解するのが相当である。」と判示した上で、本件における事実経緯に照らすと緊急性があると判断して一時保護措置を講じた判断は至極当然であるというべきであるし、一時保護措置の内容も原告の母の生命、身体の安全を図るために必要な措置であったと認められ、被告の職員が原告らからの事情聴取及び原告らへの一時保護措置についての説明、一時保護措置後の事実確認や訪問調査をいずれもしなかったとしても、本件における被告職員の一連の措置に関し、著しく不合理であって裁量の逸脱又は濫用があったとはいえない旨判示し、原告の請求を棄却しました。

(3) **本判決のポイント**

本判決は、高齢者虐待防止法9条の一時保護措置の違法性についての判断基準を示しており、高齢者虐待への対応の参考となるものです。

本判決では、一時保護措置の判断は職員の合理的裁量に委ねられており、その対応・措置が著しく不合理であって裁量の逸脱又は濫用と認められる場合に限って違法となるとして、行政の広い裁量を認めた点にポイントがあります。

4 養護者支援 (法14条)

高齢者虐待防止法は「市町村は」「養護者の負担の軽減のため、養護者に対する相談、指導及び助言その他必要な措置を講ずるものとする」として（法14条1項）、養護者を支援するという市町村の責務を明確にしています。

この趣旨は、養護者への支援をすることによって、養護者の負担を軽減し、虐待の発生を未然に防止するという点にあります。虐待をした養護者を「加害者」として切り捨てたり、処罰したりすることは高齢者虐待に対する本当の意味での解決にはなりません。養護者の複雑な事情にも寄り添

い、これを解消することで高齢者本人の生活の安定を図るという観点を持つことが重要です。

　養護者に対する具体的な支援としては、養護者自身の生活環境の改善、就労支援、カウンセリング等のほか、経済的困窮者であれば生活保護受給申請の援助、債務整理に関する法的手続のアドバイスなどが挙げられます。福祉職による支援のみならず、医師や弁護士といったさまざまな専門職による総合的な支援が必要です。

　また、本条2項では、「養護者の心身の状態に照らしその養護の負担の軽減を図るため緊急の必要があると認める場合に高齢者が短期間養護を受けるために必要となる居室を確保するための措置を講ずるものとする」として、養護者を介護の負担から解放するため、短期間にせよ養護者の代わりに高齢者を介護するサービスができるよう居室を確保するための措置を取ることが市町村に求められています。

施設従事者による虐待

Q 介護支援専門員から、施設内での虐待について相談を受けました。他の職員からも事情を聞いたところ、施設内で男性職員から高齢者に対する虐待行為が行われている可能性があることが判明しました。施設側が今後どのように対応したら良いか教えてください。

A 施設内で職員による虐待を受けたと思われる高齢者を発見した場合は、速やかに市町村へ通報し、市町村からの調査に応じる必要があります。

1 養介護施設従事者等による虐待

　高齢者虐待防止法は、第2章で養護者による虐待の防止を定め、第3章で高齢者の福祉・介護サービス業務に従事する者（以下「養介護施設従事者等」という）による虐待の防止等について規定しています（法2条、20条～26条）。

2 具体的対応

［1］ 施設内での聴き取り調査（事実の把握）及び記録

　高齢者本人や家族、職員らから施設内虐待の相談を受けた場合、まずは各担当の責任者へ報告した上で、施設長にも報告することが求められます。その後、高齢者本人や（聴き取りができる場合）、当該職員、その他の職員への聞き取りを行い、虐待事実の把握を行います。

　また、施設内で調査を行った経緯や結果についてはすべて記録として残しておく必要があります。

［2］ 市町村に対する通報

　高齢者虐待防止法は、養介護施設従事者等に対して、自らが業務に従事

する養介護施設又は養介護事業において、高齢者虐待を受けたと思われる高齢者を発見した場合は、速やかに市町村に通報しなければならないと規定しています（法21条1項）。

　ここで重要なのは、施設内での聴き取り調査の結果、確実に虐待があったと判断できる場合だけではなく、「虐待を受けたと思われる」状態であっても通報しなければならない点です。「虐待を受けたと思われる」とは、「一般人であれば虐待があったと考えられることには合理性がある」という、広い趣旨で捉えるべきです。

　施設側からすれば、仲間である職員をかばいたいという思いや、職員による虐待を市町村に通報することで施設側の責任問題につながるおそれもあり、通報をためらう可能性も否定できません。しかし、仮に施設側が虐待の事実を隠ぺいしたとしても、職員や高齢者の親族等からの通報によって事実が発覚することは少なくありません。速やかに市町村に事実を報告し、対応していくことが重要です。

　虐待の事実を隠ぺいし、後からその事実が発覚した場合には、民事上の責任が拡大したり、行政処分の判断が厳しくなるなど、施設側にとっても良い結果にはつながりません。早期に事実関係を確認し、しかるべき対応を取ることが望まれます。

［3］ 通報者の保護

　高齢者虐待防止法では、①刑法その他の法律により福祉サービスに関わる専門職に対して課せられている守秘義務によって、養介護施設従事者等による高齢者虐待の通報を妨げられないこと（法21条6項）、②養介護施設従事者等による高齢者虐待の通報等を行った従業者等は、通報等をしたことを理由に解雇その他不利益な取扱いを受けないこと（法21条7項）が定められています。

　これらの規定は、養介護施設等による高齢者虐待が施設内で隠ぺいされ

第1章　介護虐待　　199

ず、速やかな通報につなげることを目的として設けられたものです。

　もっとも、これらの規定が適用される「通報」には虚偽であるもの及び過失によるものが除かれていることに注意が必要です（法21条6項）。この点は、養護者による高齢者虐待の発見・通報の場合とは異なる部分です。

　この「過失」について、虐待があると考えたことに一応の合理性があれば過失は存在しないと解すべきです。

3 事業者自身による予防・発見のための体制づくり

　養介護施設従事者等による虐待を予防するためには、日ごろから施設側が虐待の発生を予防する体制を整えておくことが必要です。

　具体的には、①研修の実施、②苦情処理体制、③業務日誌（ケース記録）の適切な作成及び確認体制の整備が挙げられます。どのような体制であっても、実際に職員に周知され、虐待が発生した場合に速やかに職員間の連携が取られることが必要です。

　市町村への通報義務が発生することも職員に周知されていなければなりません。

❹ 養介護施設従事者等による高齢者虐待への対応フロー図

都道府県が指定権限を有する介護保険施設・事業所の場合

【フロー図について】
　ここで示す対応フロー図は、市町村・都道府県が有する介護保険法・老人福祉法上の権限の違いを明確にするため、3種類に分けて示しています。
　ただし、通報等が寄せられた際に市町村・都道府県が対応すべき内容に基本的な違いがあるわけではありません。

通報等 → 市町村

関連情報の確認
事実確認の準備等

協力依頼による調査
（高齢者虐待防止法）

実地指導
（介保法第23条）

監査（立入検査等）
（介保法第78条等）

合同調査
（必要に応じ）

連絡

施設・事業所への
調査協力依頼

拒否された場合

状況を都道府県へ報告

都道府県

都道府県による調査

介護保険法、老人福祉法の立入調査権限

応答が得られた場合

監査へ切り換え

利用者の生命や身心の安全に危害を及ぼすおそれあり

（省略）

施設・事業所への
事実確認

施設・事業所への監査
（立入検査等）

報告

都道府県

都道府県への報告

改善勧告に至らないが改善を要すると認められた事項

介護保険法による
権限行使

虐待の有無の判断、緊急性の判断
（高齢者の安全を確保するための措置）

改善計画書の提出要請
（市町村・都道府県）
文書により調査結果を通知、改善計画の提出を求める

【改善勧告】
文書により基準を遵守すべきことを勧告し、期限内に文書により報告を求める。

正当な理由なく勧告に係る措置をとらなかった場合

【改善命令】
期限を定めて、勧告に係る措置をとるべきことを命令。期限内に文書による報告を求める。

命令に従わなかった場合、聴聞・弁明機会を付与し以下へ

改善・是正状況の確認
（モニタリング・評価）

【指定の効力の全部または一部停止】

一連の権限行使を行っても是正されず、指定継続が看過できない場合

終結の判断

【指定の取消】

※権限行使は必ずしも上記の順に行うものではありませんが、ここでは権限の強さを示す意味で上記のように記載しています。

出典：社団法人 日本社会福祉士会『市町村・都道府県のための養介護施設従事者等による高齢者虐待対応の手引き』中央法規出版、2012年、61頁

第1章　介護虐待　　201

虐待・不適切ケアへの予防策

Q 施設運営者として、虐待や不適切なケアを未然に防ぐためにどのような対策を取れば良いでしょうか。

A 虐待や不適切なケアを防止するためには、①虐待原因を把握し、②防止のための組織的な取組みを行い、③施設職員に対する教育を実施することが求められます。

1 高齢者虐待・不適切なケア防止対策の基本的考え方

　2016（平成28）年度に国が全国1,741市町村（特別区を含む）及び47都道府県に対して行った調査によると[6]、高齢者虐待と認められた件数は、養介護施設従事者等によるものが452件ありました。

　そして、市町村からの回答によれば、虐待の発生要因として考えられるものは「教育、知識、介護技術等に関する問題」が289件（66.9％）で最も多く、次いで「職員のストレスや感情コントロールの問題」104件（24.1％）、「倫理観や理念の欠如」54件（12.5％）でした[7]。

　これらのことからもわかるとおり、虐待や不適切なケアを防止するためには施設職員に対する教育が最重要課題であり、加えて職員のストレス緩和策も検討する必要があります。

　高齢者虐待防止対策の基本的な考え方は、まず、背景となる要因を分析し、組織的な取組みを行い、施設職員個々人が必要な役割を果たすことです。

6　https://www.mhlw.go.jp/stf/houdou/0000196989.html
7　厚生労働省「平成28年度『高齢者虐待の防止、高齢者の養護者に対する支援等に関する法律』に基づく対応状況等に関する調査結果」資料2

❷ 背景となる要因分析

　虐待を受けた高齢者の状況や虐待の特徴、発生原因、これらの背景について各施設で調査分析をすることが重要です。

　これまで虐待として取り上げられている事例を分析したり、どのようなケースで虐待や不適切なケアが起きやすいかなど、具体的に検討した上で、施設においてどのような取組みができるかを検討し、その対応を図っていくことが必要です。

❸ 組織的取組み

　介護の理念や組織運営の方法を明確にし、これらを職員間で共有することが大切です。虐待や不適切なケアを防止するための会議を定期的に開催するなど、職員と管理職が一体となって虐待防止に取り組む体制づくりをすることが求められます。

　また、虐待事案が発生してしまった場合に、迅速な報告がなされるような風通しの良い組織づくりがなされることが期待されます。

　なお、高齢者虐待防止法では、養介護施設等に対してサービスを利用している高齢者やその家族からの苦情を処理する体制を整備することが規定されています（法20条）。

　養介護施設では、苦情相談窓口を開設するなど、苦情処理のために必要な措置を講ずべきことが運営基準等に規定されていることから、これらの組織体制も整備する必要があります。

❹ 職員に対する教育、ストレス緩和策

　養介護施設の職員には、高齢者介護のための専門的知識を有していることが求められます。しかしながら、虐待行為がなされているにもかかわらず、行為者自身がこれを虐待として認識していなかったり、他の職員の虐

待行為自体を見逃してしまうケースも散見されます。

　そこで、虐待防止の対応マニュアルを作成し、研修や勉強会を開催するなど、管理職・職員の資質向上を図ることが求められます。また、ケア技術向上のための研修なども行う必要があるでしょう。

　他方、虐待要因の１つでもある、職員のストレスに対する方策も必要となります。具体的には、メンタルヘルスに配慮した職員面談を定期的に行ったり、感情のコントロールを含むストレスマネジメントに関する研修を行うことが有効です。

第2章

介護事故と法的責任

総論

Q 介護サービスの提供の過程で、利用者に怪我等が生じてしまった場合、サービス提供者はどのような法的責任を負うのでしょうか。

A 負い得る法的責任は、怪我等の結果に対する損害賠償（賠償金の支払い）責任です。ただし、利用者に怪我等が生じたすべての場合において損害賠償責任が生じるわけではなく、サービス提供者が、介助の内容や利用者の性質といった具体的な事情によって求められる注意を怠った場合や、介護施設の物的設備に欠陥があった場合において、原則として、当該不注意や欠陥から通常発生し得る損害について賠償責任を負うことになります。

1 介護事故

　介護サービスの提供の過程で、利用者に怪我等の何らかの不利益が生じることがあり、ここではこれを介護事故と呼びます。介護事故の類型としては、転倒、誤嚥、転落、失踪等さまざまなものがあり、事故防止体制構築のためのガイドラインやマニュアルが発出されているところです[8]。

　また、介護分野のみでなく、障がいを持っている者、児童も含めた福祉サービス全般に関して、厚生労働省は、2002（平成14）年3月28日、「福祉サービスにおける危機管理（リスクマネジメント）に関する取り組み指針～利用者の笑顔と満足を求めて～」を発出しています[9]。同指針では、リスクマネジメントを進める体制整備、事故防止の諸方策に関する指針、事

8　三菱総合研究所「厚生労働省　老人保健健康増進等事業」
　・平成24年度「介護施設の重度化に対応したケアのあり方に関する調査研究事業」
　・平成23年度「介護施設における介護サービスに関連する事故防止体制の整備に関する調査研究事業」
など（https://www.mri.co.jp/project_related/roujinhoken/index.html）
9　https://www.mhlw.go.jp/shingi/2002/03/s0328-1.html

故発生後の対応指針等が記載されています。

　他方、これまで、介護施設における死亡事故を含めた事件件数やその内容に関する全国的な統計はありませんでした。厚生労働省は、現在（2018年10月）、初の事故の実態調査を実施するとしており、2018（平成30）年度中に結果を取りまとめ、事故を防ぐための体制や職員が身に付けるべき知識等について盛り込み、事故の再発防止に向けた施設の体制整備や研修に資する資料を作成する予定です。

　ここでは、介護事故が発生してしまったとき、どのような理由で責任を負うかについて、一般的な説明をします。

2 債務不履行責任

　サービス提供者（介護施設の設置者、介護サービスの経営主体）と利用者の間には、介護サービス提供にかかる契約（準委任契約）があります。この契約の本質は、その名のとおり、サービス提供者が、利用者に対して、介護サービスを提供し、利用者（ないし市区町村等）が対価を支払うというものです。

　そして、サービス提供者は、契約に定められたサービスを提供する義務を負うことは当然ですが、その付随義務として、介護サービスの提供過程において、利用者の心身の安全を確保するよう配慮する義務を負います（安全配慮義務といいます）。

　仮に、サービス提供者が、この安全配慮義務に違反し、結果として利用者に怪我等の損害が発生した場合には、サービス提供者は契約上の義務に違反した（債務不履行といいます）として、その損害を賠償する責任を負います（民法415条）。損害の賠償の方法は、通常は、金銭賠償となります（民法417条）。

　また、安全配慮義務の内容は、介助の内容や利用者の性質といった具体

第2章　介護事故と法的責任　　**207**

的な事情によって定められます。

❸ 不法行為責任

［1］ 一般不法行為・使用者責任

　上記❷のように契約関係にない場合でも、サービス提供者の職員が、故意・過失（注意義務違反）により、利用者に怪我を負わせる等の損害を発生させた場合には、不法行為責任として、その損害の賠償をする責任を負います（民法709条）。ここでいう注意義務違反とは、内容としては上記安全配慮義務と（学説上は争いがありますが）ほぼ同様の内容になります。

　また、サービス提供者は、その職員が介護サービスの提供の過程で利用者に加えた損害を賠償する責任を負います（民法715条）。

　このように見ると、債務不履行による責任と不法行為による責任に違いがないとも思えますが、上記のとおり職員への責任追及は契約関係を前提としない不法行為に基づいてなされますし、消滅時効（一定期間経過後、利益を受ける者が請求権の消滅を表示することで、請求権が消滅する制度です）の期間が、債務不履行の場合には10年、不法行為の場合には3年という違いがあります。

［2］ 土地の工作物の設置又は保存の瑕疵

　サービス提供者の職員に過失が存在しない場合であっても、サービス提供者の施設の物的設備に欠陥（瑕疵）[10]があった場合、この欠陥によって利用者に生じた損害を賠償する責任を負います（民法717条）。

10　設備の構造に不完全な点があることをいい、その種の設備として通常備えているべき安全性が欠けていれば瑕疵があるとされる（我妻栄ほか『我妻・有泉コンメンタール民法［第5版］総則・物権・債権』日本評論社、2018年、1409頁）。

208　第Ⅱ部　介護

コラム　Column

安全配慮義務

　安全配慮義務とは、一般に「ある法律関係に基づいて特別な社会的接触の関係に入つた当事者間において、当該法律関係の付随義務として当事者の一方又は双方が相手方に対して信義則上負う義務として一般的に認められるべきもの」（最判昭和50年２月25日民集29巻143頁[11]）とされています。

　語弊をおそれずに要約すると、一定の関係に立つ当事者の一方又は双方は、相手方に対して、その契約の遂行に関して環境の安全維持等に配慮した措置を取るべきというものです。

　現在においても、「ある法律関係に基づく特別な社会的接触の関係」の意味や配慮すべき義務内容等について、さまざまな学説があります。

　このように、安全配慮義務はもともと法律上に規定がある義務ではなく、雇用ないし労働契約関係、自衛隊その他公務員関係等で裁判例の集積がありました。

　労働法の分野では、2008（平成20）年施行の労働契約法５条に、「使用者は、労働契約に伴い、労働者がその生命、身体等の安全を確保しつつ労働することができるよう、必要な配慮をするものとする」と明文化されました。

11　自衛隊員が自動車整備作業中に車両に轢かれて死亡したことについて、遺族が、国に対し、国は自衛隊員の服務について生命に危険が生じないように注意して人的物的環境を整備すべきところこれを怠ったとして損害賠償を請求した事件。国と自衛隊員の特別の関係（いわゆる特別権力関係）を理由に自衛隊員の遺族の請求を退けた原審を破棄、差し戻し。

第2章　介護事故と法的責任　　209

施設における建物構造・設備構造

Q 介護施設の入居者が、出入りすることを予定していない汚物処理場において仕切りにつまずいて転倒し、骨折をしました。介護施設の管理者は、当該傷害に関して損害賠償責任を負うのでしょうか。

A たとえ入居者の出入りを予定していなくとも、入居者が出入りすることができる場所であれば、施設内のあらゆるところに安全上の配慮が求められます。

1 介護施設に求められる構造

　介護施設は、一般的に身体機能が弱っていて介護を要する高齢者が居住・活動するための施設です。そのため、入居者・利用者の移動や施設の利用に際して、身体上の危険が生じないような建物・設備上の構造[12]を備えていることが求められています。

　そして、下肢の機能が低下している高齢者にとっては汚物処理場等の仕切りは、つまずきやすい構造上の瑕疵といえます（なお、モデルとなった裁判例では、高さ87mm、幅95mmのコンクリート製凸状仕切りの場合において、施設側の責任が認められました）。

2 出入りすることを予定していないこと

　介護施設内では、利用者等が出入りすることを予定しておらず、むしろ出入りしないように注意されている場所もあるかと思われます。

　しかしながら、施設の入居者等は、注意にもかかわらず徘徊などで通常

12　瑕疵のない建物・設備上の構造（民法717条1項本文）について、その種の設備として通常備えているべき安全性が欠けていれば構造上の瑕疵があるといえますが、介護施設においては、その入居者等の通常（起こり得る）の利用を想定して施設建物・設備が安全性を備えている必要があります。

210　第II部　介護

では想定しづらい行動に出ることも十分に認識することができます。そして、事実上入居者等の出入りが可能な場所であれば、当該場所における構造上の瑕疵についても責任を負うことになります。

したがって、出入りを予定していない場所については、出入りしないように注意するだけでは不十分であり、不測の事態に備えて、入居者等が出入りできないように施錠する等の対応が必要です。

3 モデルとなった裁判例 （福島地裁白河支判平成15年6月3日判時1838号116頁）

［1］ 事案の概要

介護老人保健施設に入所していた当時95歳の女性が、自室のポータブルトイレ中の排泄物を捨てるため汚物処理場に赴いた際に、仕切りに足を引っかけて転倒し傷害を負ったとして、同施設の経営法人に対し、債務不履行又は民法717条による損害賠償請求権に基づき1,054万7,970円等の支払いを求めた（認容額は537万2,543円）事案。

［2］ ポイント

- ポータブルトイレの汚物処理は介護職員に任せるよう指導していた
- 汚物処理場は、入居者・要介護者の出入りを予定していなかった
- 介護職員によるポータブルトイレの清掃は必ずしもマニュアルに沿って実施されていなかった
- 女性はポータブルトイレの洗浄等のために、職員への依頼は遠慮して汚物処理場を使用することがあった
- 現に入所者が出入りすることのある汚物処理場の出入り口の仕切りの構造（高さ87㎜、幅95㎜のコンクリート製凸状仕切り）は、下肢の機能が低下している要介護老人の出入りに際して転倒等の危険を生じさせる形状の設備である

第2章　介護事故と法的責任　　211

4 窓への開放制限措置

　出入りを予定していない場所への施錠と関連して、介護漏示保健施設の
ベランダ等につながらない２階の窓に開放制限措置が、通常備えているべ
き安全性を欠いているかが問題となった裁判例（東京高判平成28年３月23
日ウエストロージャパン2016WLJPCA03236005）があります。

　この点、厚生労働省の発出した「福祉サービスにおける危機管理(リス
クマネジメント)に関する取り組み指針〜利用者の笑顔と満足を求めて
〜」[13]別紙２では、次のように対応策等を紹介しています。

　ベランダや居室の窓からの転落・落下は、利用者自身の意思により転落
した事例の他、自由時間等に遊んでいて転落、あるいは手すりの不備によ
り手すりが外れてしまったために子どもが転落した事例等があります。
　要因については、多くの事例で職員の見守りの不足が挙げられている他、
手すりや柵が転落を防止するには不足していたという環境的な要因につい
ても分析がなされています。
　対応策としては、手すりや柵の設置や、危険なベランダへの進入を防止
するための工夫など、環境面での対応策が中心となっています。

　このように、対応策としては「侵入を防止するための工夫」とのみ紹介
がありますが、裁判例ではより進んで、当該工夫が具体的な状況に照らし
て効果を持つかが検討されました[14、15、16]。

　すなわち、侵入を防止するための工夫は、単に他の施設で用いられてい

13　https://www.mhlw.go.jp/shingi/2002/03/s0328-1.html
14　裁判例では、窓の開放制限措置（中間止め）としてストッパーが用いられたが、これは
製造業者が想定した使用方法ではなかったこと、ストッパーの接着面が少なく窓をコツコツ当
てることで容易にずれること、帰宅願望を示す認知症患者はストッパーをずらす方法を思いつ
き得ること、窓の下には足場となり得るキャビネットがあったことが認定され、構造上の瑕疵
が認定されています。

212　　第Ⅱ部　介護

るものを導入するだけでは足りず、事故の施設の構造上の特性、利用者の特徴等も踏まえ、具体的に効果が見込める工夫でなければなりません。

⑤ 関連裁判例

　認知症対応型共同生活介護サービスを提供するグループホームにおいて、認知症高齢者である入居者が、2階の居室の窓（本件窓）から自ら転落して受傷した事故について、当該施設は通常有すべき安全性を欠いており、設置又は保存の瑕疵があったとして、工作物責任を肯定した事例（東京地判平成29年2月15日判タ1445号219頁）。

　「本件窓には、窓枠に取り付け、鍵をかけることによりロックすることができるストッパー（本件ストッパー）が設置されて」おり、「ロックした状態では22.5センチメートルまでしか開けることができなかった。ただし、本件ストッパーは、ロックした状態であっても手で強く引っ張れば鍵を使わずに取り外すことのできるものであり」、事故当時、本件ストッパーは外れていた。

　「そのため、本件では、本件ストッパーが居室の窓からの転落を防止するための措置として十分なものであったかが問題となった」が、裁判所は、「認知症高齢者であっても、本件ストッパーを取り外そうとして押したり引っ張ったりしているうちに、鍵を使わずに取り外してしまう現実的な危険性があったと認められることから」、「入居者の転落事故を防止するため

15　ストッパーの利用方法について、施設からは、他の社会福祉施設等にて広く一般的に利用されていると主張しましたが、裁判所は、仮に同利用方法が一定程度行われていてもその適否は利用場所、目的等により異なり得るから、他の施設での利用により結論は変わらないとしました。すなわち、他の施設での利用は免責される理由とはならないということです。

16　その他、施設からは、窓を施錠し利用者が自由に開けられないようにすることは身体拘束等に該当する可能性があると主張しましたが、裁判所は、外部にベランダ等がなく外部との出入りが元々想定されない窓については開放制限措置を取っても身体拘束とは評価すべきでないとしました。

第2章　介護事故と法的責任　　213

の窓の開放制限措置として十分な措置が講じられていたとはいえず、認知症対応型共同生活介護サービスを提供するグループホームとして、通常有すべき安全性を欠いており、設置又は保存の瑕疵があったものと認められるとして、工作物責任を肯定した」。

徘徊・行方不明

Q 通所介護サービスの利用者が、サービス利用中わずかな間に施錠されていない窓から施設を脱出し、施設裏の山中で怪我を負いました。施設の出入り口は暗証番号による施錠がされ防犯ブザーの設置もしています。また、法令上定められた適正な人員でサービスを提供しています。通所介護サービスの提供者は、当該傷害に関して損害賠償責任を負うのでしょうか。

A 設備・人員配置において必要十分な対応をしていても、職員個人の注意義務が軽減されるわけではありません。職員が利用者の脱出を予見できる事情があり、施設の構造上脱出が可能であれば、利用者の失踪について過失と評価され得ます。そして、職員及び通所介護サービスの提供者は、当該過失により通常発生し得る損害について、賠償責任を負うことになります。

1 最新の設備と職員の注意義務

　介護施設において、利用者、入居者の安全を守るため最新の防犯設備や安全を守るためのシステムを導入することは、入居者やその親族に安心や安全を提供できるだけでなく、施設職員の負担を減らすことにもつながることです。

　しかしながら、法令の定める設備を設置したとしても、さらに高度な設備を導入したとしても、介護サービスが人の手によって提供される以上、実施にあたる職員の注意義務が軽減・免除されることはありません。

　通常介護施設からの脱出は出入口から行われるものではありますが、窓の高さ、施錠の有無（開錠の容易さ）、利用者の身体機能等を総合的に勘案して、窓からの脱出が可能な場合には、利用者の脱出が予見できるものとして、施設職員は窓に施錠をする（開錠を容易でなくする）、窓の下部に障害物を設置するあるいは利用者を注視して脱出しないようにする義務が

第2章　介護事故と法的責任　　**215**

あったといえます。

2 適正な人員の配置と職員の注意義務

　介護サービスに要する人員は法令等で定められています。そして、法令等の定めどおりの人員で介護サービスを提供すると、状況によっては職員に負担が大きい場合もあります。そして、介護事故が発生した場合に、事後的に裁判所から「特定の利用者をもっと注視すべきであった」とか、「特定の作業をもっと注意深く実施すべきであった」と言われると、現実的に過大な負担となるとも感じられます。

　しかしながら、たとえ過大な負担となる場合であっても、職員の注意義務が軽減・免除されるものではありません。なぜならば、負担が課題であることをもって結果（ここでは脱出・失踪）を回避する可能性[17]がなくなるわけではないからです。

　したがって、この場合であっても、施設職員は上記1の対応をしなくてはなりません。

　この点、例えば、ベッドから降りられないように柵をする、窓全体に鉄格子を張るといった空間的拘束や、利用者をベッド又は車いすに縛る等の身体的拘束は、人権侵害の問題も生じることから、窮極的な場合でなければ認められないと考えられます[18]。

17　不法行為（民法709条）における過失とは、注意義務違反といわれますが、より分析的にとらえると、①加害行為を行った者が、損害発生の危険を予見したことないし予見すべきであったのに（予見義務）予見しなかったこと（予見ないし予見可能性）、②損害発生を予見したにもかかわらず、その結果を回避すべき義務（結果回避義務）に違反して、結果を回避する適切な措置を講じなかったこととする見解が一般的です（我妻栄ほか『我妻・有泉コンメンタール民法［第5版］総則・物権・債権』日本評論社、2018年、1334頁）。モデルとなった裁判例では、危険を予見した以上、回避のための措置が課題な負担となったとしても回避措置義務が免除（軽減）されるわけではないことが示されました。
18　渡辺信英『介護事故裁判例から学ぶ福祉リスクマネジメント　高齢者施設編』南窓社、2016年、46頁

3 失踪後の傷害に対する責任

利用者が失踪したのちは、どのような経過をたどって傷害等の結果が発生するかわからないため、どのような結果に対して責任を負うべきか問題となります。

今回は、「施設裏の山中で怪我を負った」ことを想定していますが、施設のそばに山林があれば、（利用者の身体機能と認知機能の程度にもよりますが）山中で怪我をすることは通常発生し得るもの（（相当）因果関係といいます[19]）ですので、その賠償責任を負うことになります。また、都市部にある施設では、特に考えられる事故は交通事故となります。

他方、下記に紹介する裁判例では、失踪から 1 カ月後に砂浜に死体となって打ち上げられているところが発見されました。裁判例では、発見されるまでの経緯は全く不明であったことから、過失による失踪と死亡との因果関係は認められませんでした[20]。

4 モデルとなった裁判例（静岡地裁浜松支判平成13年 9 月25日、最高裁ホームページより）

［1］事案の概要

Ａは介護施設に通所して介護サービスを受けている間、廊下の窓から脱出し行方不明となった。脱出から 1 カ月後、遺体となって発見されたことから、Ａの遺族らが、不法行為又は民法717条による損害賠償請求権に基

19　損害賠償責任が認められるためには、賠償されるべき損害と不法行為との間に相当因果関係があることが必要です（民法709条、416条類推。最判昭和48年 6 月 7 日民集27巻 6 号681頁など）。そして相当因果関係とは、違法な行為から通常生ずべき損害をいいます。

20　他方、失踪後の傷害等の責任を認めた裁判例として、福岡地判平成28年 9 月 9 日（ウエストロージャパン2016WLJPCA09096006）があります。通所介護施設は、利用者には歩行障害がなく意思の伝達も可能であったから助けを呼ぶことができたとして、死亡との因果関係を争いました。しかし、裁判所は、以前にスーパーから失踪してガソリンスタンドでうずくまっているところを警察に保護された事情を挙げて、自身の置かれている状況を把握する能力がなく助けを呼ぶことは困難であったと認定しました。

第 2 章　介護事故と法的責任　　217

づき慰謝料各700万円、弁護士費用各42万円、逸失利益合計1,695万5,612円等の支払いを求めた（認容額は慰謝料合計259万円、弁護士費用合計25万9,000円）事案。

［2］ポイント

- 玄関の設備はアルファベットと暗証番号でロックされており、裏口は開けるとブザー等が鳴る仕組み
- 職員がAを最後に見てから失踪に気付くまで3分程度であった
- Aは失踪直前に靴を取りに行こうとしたり、廊下でうろうろしているところを職員は視認しており、Aが施設を出て行くことを予見できた
- Aは身体的には健康な痴呆症高齢者であり、施設の窓から脱出することは予見できた
- 職員は予見に基づき、Aを注視して脱出しないようにする義務があった
- 2名の職員（法令等で定められた人員）で9名の痴呆症高齢者を介助し、入浴サービス、トイレの介助をする傍らAを注視することは過大な負担であるが、これをもって回避の可能性がないとはいえない（従事者の注意着有無が軽減されるものではない）
- Aの失踪から死亡が直ちに予見できるものではなく、職員の過失とAの死亡との間の相当因果関係は認められない
- Aが行方不明になることにより同人の家族が被った精神的苦痛は、職員の過失と相当因果関係がある

5 関連裁判例

　短期入所生活介護支援サービスを提供する老人ホームにおいて、認知症高齢者である入所者が、老人ホームから外に出て、山中において遺体で発見されたところ、使用者責任又は安全配慮義務違反に基づく賠償責任を一部肯定した事例（東京地判平成30年1月22日ウエストロージャパン2018

WLJPCA01226005）。

　なお、当該事例において、施設側は自身の過失及び安全配慮義務違反の存在は争わず、入所者の過失による過失相殺が争点となったが、裁判所は、入所者の認知度及び症状、事故当時の異常性及び非合目的性を認定したうえで、入所者は、「本件事故時、自身の客観的状況について理解し、本件施設を出て徘徊することにより自己の生命等に危険が生じることを予見し、これを回避する能力を欠いていたというべきであって、本件事故におけるＢの行動をしん酌して過失相殺をすることはできないというべきである」とした。

　小規模多機能型居宅介護施設において、認知症高齢者である入居者が、同施設から外に出て行方不明となり、その約３日後に同施設から約590ｍ離れた畑の畝において遺体で発見されたところ、不法行為又は債務不履行に基づく賠償責任を一部肯定した事例（さいたま地判平成25年11月８日自保ジャーナル1915号167頁）。

　入居者に対する注視、監督義務違反について、裁判所は、入所者がいなくなる前に目を離した時間は５、６分と認定しつつ、「Ｄ（施設職員）は、１人で３人の利用者を見ていたのであるから、３人全ての利用者について、片時も目を離さずに介護するということは、ほぼ不可能に近い。他の利用者もいる中で、ＤがＢ（入居者）だけに常時全ての注意を向けることはできないし、壁一枚隔てた勝手口からＢが出て行ったことに気付かなかったとしても、他の利用者の介助を行いながらであったことも考慮すれば、やむを得なかったものといわざるを得ない。Ｄは、トイレのドアを開けたままにして、リビングで物音が聞こえたら、直ちに戻れるようにしていたこと、実際にリビングで物音がした際に、Ｂの様子を２回も見に戻っていること、Ｂから目を離した時間が上記の通り５、６分程度であったと推認で

きることからすれば、DがBの行動に注意を払っていなかったとはいえず、Dは、その状況下で介護職員として要求される注意義務を果たしていたといえる」として、注視、監督義務違反を否定した。

　他方、入居者が施設の鍵を開けて外に出る可能性があることを認識した時点で、施設職員が気付かないうちに本件入居者が施設外に出ることを防止する措置を取る義務を負っていたところ、これを怠ったとした。なお、具体的な防止措置として、「本件施設において利用者が外に出ることが可能な場所に関して、スロープが設置してあるリビングの窓のように、Bが簡単に鍵を開けることができないようなロックがかかる鍵を設置していたところはともかく、勝手口の鍵のように、つまみを回せば簡単に鍵が開いてしまうようなところに関しては、少なくとも、ドアが開いた場合に音が鳴る器具を設置するなどして、Bが外に出た場合には、施設職員が直ちに気付くことができるような措置を講じておくべきであった」とした。

コラム Column

予見可能性と結果回避可能性

　本稿の注釈にて、不法行為における過失の構造について説明をしました。他方、安全配慮義務違反、すなわち具体的にどのような措置を取るべき注意義務がありそれを怠ったかの判断においても、同様に怪我といった結果を予見し得べきか、当該結果を回避することができたか、回避する義務があったかと基準に判断されます。

　このうち、具体的な措置を取るべき義務を設定する前提となる予見可能性については、利用者の年齢、心身の機能の程度、事故以前の施設の利用回数、利用者の活動状況や行為態様、事故発生場所の具体的な設備、同種事故発生の前歴、事故発生直前の利用者の状況・態度等を考慮して、事故発生の予見が一般的に可能であったかにより判断されます。

　この点、介護施設は、本来、心身機能の低下した高齢者が利用する施設であり、かつ、利用者も心身機能が低下して日常生活に支障がある者を予定していることから、施設側には、入居者の施設利用等に関して、特段の配慮が求められています。また、上記考慮事項は、医師の意見書や家人との面談、日々のケース記録等により記載され、「予見すべき材料」が一定程度揃っていることになります。このような類型的な特殊性から、利用者の事故直前の具体的な行動が確認できなくとも、予見可能性を相当広く認める傾向があります。

　そして、当該予見可能性を前提として、施設側には、予想される危険や結果の重大性、蓋然性、急迫性、その回避・防止措置をし得る可能性、容易性、実効性等を総合考慮し、介護に関わる専門職に相応した専門的知見から適切に判断すべき措置の履践が求められます。

第2章　介護事故と法的責任　　221

誤嚥

Q ショートステイの利用者に食事を提供する際、うまく嚥下できなかったり、むせたりすることが多い利用者がいます。事故に発展した裁判例では、どのような点を評価しているのでしょうか。

A 誤嚥事故が発生した場合には、主として、①提供した食事が適切であったか、②見守り・介助が適切に実施されたか、③救急救命措置は適当かの観点から、施設職員が必要な注意をしていたかが検討・評価されます。

1 指針

「福祉サービスにおける危機管理（リスクマネジメント）に関する取り組み指針～利用者の笑顔と満足を求めて～」[21]別紙2では、食事中の誤嚥への対応策等について、次のように記載しています。

> 職員が目を離したすきに、あるいは、食事中に発作を起こして誤嚥につながったり、職員が大丈夫だろうと思っていたミキサー食がのどにつまったり、利用者自身がみかんを丸のみして事故になったりというケースが多いようです。
>
> 発生の要因としては、利用者の食事の癖を知っていたが、見逃してしまったという利用者への注意不足や観察の不足などが挙げられています。また、食堂設備の不備や食事自体への配慮が欠けていたという指摘もありました。
>
> 対策としては、各テーブルに必ず職員がつくとか、誤嚥時の対応の再訓練の実施や救命器具の配備、食事摂取時の観察を十分行う、食材を小さくする、利用者個々の歯の状態を含めた嚥下状態の再確認などを行うといった対応策が挙げられています。

---

21 https://www.mhlw.go.jp/shingi/2002/03/s0328-1.html

このように食事中の介助や適切な食材の選択、嚥下状態の再確認等について記載があります。裁判例では、これらの要素に加えて、誤嚥が疑われた後の救急救命措置の適否についても、争点になっています。

2 提供する食事

一般に、誤嚥が起こりやすい食形態として、粘着質の食品（餅・団子など）、すべりの良い食品（ところてん・寒天ゼリーなど）、バラバラ・パサパサした食品（肉、こんにゃく、パンなど）、貼り付きやすい食品（海苔、わかめなど）があります。

したがって、利用者の認知症の程度、義歯の状況、嚥下障害の有無、家族の同意等を考慮して、嚥下や咀嚼がしやすい食品（ゼリー状食品、ミキサー食など）を選んだり、加工する（とろみをつける、水分を加える、一口大にする、つなぎを入れるなど）必要があります。

こんにゃくを提供したことが過失にあたるかが争われた裁判例[22]では、小さく切り分けるという調理上の工夫、4切れのみ提供する数量制限等により誤嚥事故を防止するために必要な注意は十分尽くされていたと認定されました。また、利用者の摂食障害事情に関しては、入所後約40日にわたりほとんどの食事を全量自ら摂取し、義歯の有無についても相当の注意を払っていたから格別の摂食障害があったとはいえないと認定されました。

他方、6～7cmのロールパンを提供されたことの注意義務違反が争われた裁判例[23]では、ショートステイ前の面談において利用者の配偶者から、利用者の咀嚼・嚥下能力が低下しており家では食事を一口大に切って提供しているという報告を受け、食事箋やアセスメントシートにも注意がされていたことを認定しました。その上で、当該利用者へ食事を提供する際に

22　横浜地判平成12年6月13日賃金と社会保障1307号4頁
23　鹿児島地判平成29年3月28日 LEX/DB25545641

第2章　介護事故と法的責任　　223

は、飲み込みやすい食物を選択して提供し、パンを提供するにしても、小さくちぎったものを提供すべき義務があったとしました[24]。

3 見守り・介助

提供する食事と同様に、利用者の状況に応じた見守りや食事の介助が必要になります。

嚥下障害があり、誤嚥しやすいといわれる食品を提供するときには、原則として一対一に近い食事介助を行い、一口ごとに食物を咀嚼して飲み込んだかを確認する必要があります。また、認知症の程度によっては口の中に食物が残っていることを忘れている場合があるので、食事の合間に水分を取ってもらったり、食後の口腔ケアが重要になります[25]。

恒常的に誤嚥を繰り返していた利用者への介助の注意義務違反が争われた裁判例[26]では、食事はすべてグループホームの職員が介助して、その具体的な方法として、利用者に声掛けをしながらスプーンで口元に食べ物を運んで食事をとらせていること、利用者の口から食べ物が流れ出たときにはさらに食べ物を与えていないこと、利用者に振戦が見られた後は利用者に声掛けをして反応を確かめた上食事を中止して様子を見ていること、利用者が食事をいらないと答えたことから食事を終了していることを認め、

24　当該裁判例では、介護老人保健施設は、誤嚥が食事中ではなく、食事後に食道内又は胃等から逆流したパンが原因（2cm）として、過失の有無を争いました。結果としては、事故報告書に「医師に連絡し、挿管する。その際、パンの塊（5cm程）を取り出す。」との記載をもとに、5cmと認定されました。事故報告書の証拠としての重要性が表れていると同時に、（仮に取り出されたパンが2cmだとしたら）現場で現れた証拠に定規を添えて写真を撮る等の証拠かの措置が重要であることを示唆しています（外岡潤『裁判例から学ぶ介護事故対応』第一法規、2018年、162頁）。

25　小笛恵子『事例解説　介護事故における注意義務と責任』新日本法規、2008年、129頁、前掲『裁判例から学ぶ介護事故対応』160頁。

26　福岡高判平成27年5月29日ウエストロージャパン2015WLJPCA05296005

224　第Ⅱ部　介護

さらに事故当時、声掛けをしつついつもと違う様子や顔色の変化等も注視していることを認め、窒息をきたすような誤嚥を予見することは困難であり、誤嚥を解消するのに適切な措置を取る注意義務違反はないとしました。

4 救急救命措置

　誤嚥事故においては、極めて短期間内に適切な対応が求められ、これを怠ると容易に窒息死等の結果につながります。そのため、施設職員らは、チアノーゼ等の誤嚥事故の兆候を発見後、速やかに通常一般的に用いられている救急救命措置（異物の目視・除去、タッピング、ハイムリック法、心臓マッサージ等）を行い、速やかに病院に搬送し措置を委ねる必要があります[27]。

　緊急時に適切な対応を求められることから、マニュアルの整備のみでなく、施設職員の普段からの指導・講習や医療機関との円滑な連携が必要です。

　食事の介助中にチアノーゼを起こした利用者についての救急救命対応の注意義務違反が争われた裁判例[28]では、食事中の事故発生であり誤嚥が疑われること、誤嚥を予想した措置を行わず（事故発生から約6分後に心臓マッサージをしている）吸引機を取りに行くこともしなかったこと、救急車を呼んだのが事故発生から15分後であったことを認定して、適切な処置を怠った過失があるとしました。

　また、同裁判例では、緊急時には家人に連絡をして指示を受けるマニュアルであったとの証言に対し、一刻を争う場合にも家人への連絡を優先させるような硬直した体制を取っていたこと自体に問題があると断じました。

27　前掲『介護事故裁判例から学ぶ福祉リスクマネジメント　高齢者施設編』141頁。
28　横浜地裁川崎支判平成12年2月23日賃金と社会保障1284号43頁

第2章　介護事故と法的責任　　225

5 関連裁判例

　住宅型有料老人ホームにおいて入所者が白玉団子を喉に詰まらせて窒息した事故につき、摂食状況を見守る義務等があったとして、被告会社に対し、債務不履行又は不法行為に基づく損害賠償を一部肯定した事例（松山地判平成30年3月28日ウエストロージャパン2018WLJPCA03286013）。

　入所者が89歳と高齢であること、円背であり、認知症に罹患していたこと、白玉団子の性状が噛むと粘着性、弾力性があり、大きさは、直径2センチメートルないし3センチメートル程度であることからすると、入所者は、当該白玉団子を喉に詰まらせて窒息する具体的危険性があったとしつつ、施設に対して、「本件皿をB（入所者）の手が届く範囲内に置かないようにして、本件団子を摂食させないようにする注意義務があったというべきであり、また、Bに本件団子を提供するのであれば、Bが誤嚥をしないようにBの行動や咀嚼嚥下の状況を注意深く確認すべき注意義務があった」とした。そして、施設職員は、入所者の異常に気が付くまで全く注意を払わなかったとして、注意義務違反を認定した。

　通所介護施設において、利用者が唐揚げを喉に詰まらせ死亡した事故につき、安全に食事をさせるための監視・観察義務又は事故後の対応を誤った過失があるとして、債務不履行又は不法行為に基づき損害賠償を求めたところ、注意義務違反を否定した事例（東京地判平成28年10月7日ウエストロージャパン2016WLJPCA10078006）。

　施設側には、利用者について誤嚥の危険性があることを具体的に予見することは困難であったこと（「通所介護アセスメント表」、主治医及び利用者の家族から誤嚥という言葉を利用した特段の要望はなかった）に加え、利用者に提供された唐揚げは小ぶり（おおむね3ないし5センチメートル程度）で、3名の職員が見守りながら食事をともにしていたこと、利用者がせき込み

始めてすぐに背中を叩き、口中のものを出させたりし、119番通報後、救急隊が到着するまでの間は、利用者の気道を確保しながら声掛けをしつつ背中を叩き続けていたことからすれば、被告Y2らの対応は事後的医学的に見て不相当とはいえないなどとした。

　介護付き有料老人ホームにおいて、施設利用者が入居3日目に自室での食事中にロールパンを誤嚥して死亡した事故について、事業者側の安全配慮義務違反を認め、事業者の損害賠償責任が肯定された事例（大阪高判平成25年5月22日判夕1395号160頁）。
　原審（神戸地判平成24年3月30日判夕1395号164頁）では、誤嚥について予見可能性はなく、安全配慮義務を怠った過失はないとして請求を棄却したところ、本判決は、前入院先病院の主治医から「（食道裂孔師ヘルニア）により、時折嘔吐を認めています。誤嚥を認めなければ経過観察でよいと思います。」との伝達は、「抽象的であり、明瞭でない面はあるものの、その記載内容から察するに、食道に疾患があり、食物が逆流し、嘔吐することがあること、これにより誤嚥が危惧されるとの意味内容を感得することは、医療の専門家でない読み手であっても、必ずしも困難なことではない」とし、「少なくとも、同医療機関の初回の診察・指示があるまでの間は、利用者の「誤嚥防止に意を尽くすべき注意義務があった」としつつ、利用者の「既往歴や本件紹介状の記載に顧慮することなく、居室で食事をさせるにもかかわらず、ナースコールを入所者の手元に置くことなく、見回りについても配膳後約20分も放置していたのであるから」、利用者の「身体に対する安全配慮を欠いた過失がある」とした。

第2章　介護事故と法的責任　　227

介護拒否

Q 通所介護の利用者が施設内のトイレにおいて転倒し、骨折してしまいました。事故の前、施設職員は、当該利用者をトイレまで付き添い歩行介助していたのですが、トイレに着いたときに利用者からトイレ内での介助は拒否されました。

このような場合であっても、通所介護サービスの提供者は当該傷害に関して損害賠償責任を負うのでしょうか。

A 具体的な介助を拒否されたとしても、利用者及びトイレの設備の状況から具体的な危険が予想され、当該危険が重大な結果を生じさせ得る場合には、当該利用者に対して、介護の必要性を説明し、説得を試みることが求められます。このような説明等がない場合には、利用者の意に沿った介助の不作為であっても、損害賠償責任を負う可能性があります。

1 指針

「福祉サービスにおける危機管理（リスクマネジメント）に関する取り組み指針〜利用者の笑顔と満足を求めて〜」[29]別紙２では、排泄時の転倒事故への対応策等について、次のように記載しています。

排泄時の転倒も、トイレ使用時と居室等においてポータブルトイレを使用する時では若干異なりますが、「便所内の移動時」「衣類着脱時」「排泄時」「排泄後の清拭時」の場面に細分化することができ、大きくは(1)利用者自身のふらつきによる転倒、(2)利用者自身が足を滑らせて転倒、(3)介護職員のふらつきや転倒による利用者の転倒、(4)不適切な座位・立位による転倒、(5)利用者の発作による転倒、に分類することができます。

発生要因としては、利用者の状態把握が不十分であり、危険予測ができ

29　https://www.mhlw.go.jp/shingi/2002/03/s0328-1.html

228　第Ⅱ部　介護

ていない、見守りが不十分だった、介助ベルトの固定確認が十分ではなかったといった要因の他、トイレ箇所数の不足、手すりの形態や設置数の不備、床のすべりやすさといったことが挙げられています。また、「職員数が足りない」「トイレ介助の順番が徹底していない」「本人のてんかん発作や付き添いの拒否」等の要因も見られています。

事例発生後の対応策としては、確実な介助方法の徹底、環境の改良（段差解消、滑り止め）等がとられています。

このように、排泄時の転倒の原因の1つとして、付き添いの拒否が挙げられています。

トイレの介助となると、利用者のプライバシーや人格の尊厳と解除の必要性という相矛盾する事項を考慮しなくてはなりません。裁判例においては、介護の拒否が、施設側の注意義務を軽減、免除させるか、利用者の過失による相殺[30]という形で争われます。

② 利用者による介護拒否

一般に、介護サービスを提供する事業者は、介護サービス提供にかかる契約上、利用者の心身の状態を適切に把握し、施設利用に伴う転倒等の事故を防止する安全配慮義務を負います。他方、社会福祉法3条は、「福祉サービスは、個人の尊厳の保持を旨とし、その内容は、…その有する能力に応じ自立した日常生活を営むことができるように支援するものとして、良質かつ適切なものでなければならない」としています。

介護施設は利用者にとって生活の場であり、その場における自由が保障されてこそ個人の尊厳が保持されます。

介護事故の予防を過度に強調しすぎると、利用者の自由が拘束され、個

30　過失相殺（民法418条、722条2項）とは、債務不履行又は不法行為に基づく損害賠償を請求する際に、請求者側の過失を考慮して、裁判所が賠償額を減額することをいいます。

第2章　介護事故と法的責任　　229

人の尊厳の保持ができなくなるほか、利用者の心身にも悪影響を及ぼす可能性があります[31]。そして、具体的な介助を受けるかは、窮極的には、サービス提供契約におけるサービス享受者（利用者）に決定権があるといえます。

では、施設職員の具体的な介助の申し出を利用者に拒否された場合、介護職員は当該介助をしなくとも良くなるのでしょうか。

まず、認知症等により介助の必要性について認知判断する能力が減退していたり欠いている場合には、利用者から単に拒否の態度をとられたことをもって、直ちに介助措置義務が免除されないことは言うまでもありません。

次に、判断能力に問題のない利用者が拒否の意思を表示した場合について、介助措置義務が免除されるかが争われた裁判例があります。

当該裁判例では、利用者の歩行能力及びトイレの形状等から利用者の転倒及び転倒による結果の大きさを予想し得ることを介助義務の前提として摘示しつつ、介護の専門知識を有すべき施設職員は、利用者に対し、介護を受けない場合の危険性と介護の必要性を専門的知見から「意を尽くして説明し、介護を受けるように説得すべきであり、それでもなお要介護者が真摯な介護拒絶の態度を示したというような場合でなければ」介助義務を免れないとしました。

当該裁判例に対しては、介護職員のすべき措置が判然としないとか、トイレで用を足そうとドアを閉めた利用者に対して意を尽くして説明をして説得を試みることをしても結果回避の実効性に乏しいといった議論があります。

少なくとも、利用者との日常的な介助や会話において信頼関係が醸成し

31　身体拘束又は行動の制限の禁止については、「介護老人保健施設の人員、施設及び設備並びに運営に関する基準（平成11年厚生省令第40号）」13条4項に規定があります。

ていた場合には「説明・説得・真摯な諾否の回答」を円滑に行うことがで
きますし、事後的に紛争まで発展する可能性も軽減できるでしょう[32]。

　他方、利用者の性質等により円滑な説明等が難しい場合には、説明・説
得の状況や時間的余裕がなかったこと等を事故報告書に詳細かつ正確に記
載したり、複数名で対応することで証言を得る等の対応も重要になります。

❸ モデルとなった裁判例 （横浜地判平成17年3月22日判時1895号91頁）

［1］事案の概要

　介護老人施設で通所介護サービスを受けていた女性（85歳）が、同施設
による歩行介護が受けられなかったため、同施設内のトイレで転倒し、右
大腿骨頸部内側骨折の傷害を受け、後遺症が発生したとして、同施設に対
して、債務不履行又は不法行為に基づく損害賠償として3,977万円を請求
した事案。

　裁判所は、利用者にも過失があるとして3割の過失相殺を認め、約1,253
万円の損害賠償請求を認めた。

［2］ポイント

- 事故直前のトイレに向かう際、介護職員は転倒の危険を感じ歩行介護を
  申し出た
- 女性は一度断ったが、介護職員は「とりあえずご一緒しましょう」と言っ
  て歩行介護を実施した
- トイレに向かう歩行では、女性に不安定さはなかった
- トイレに入る際、女性は「一人で大丈夫」と言いトイレの戸を閉めた
- 女性は従前左大腿骨頸部を骨折したこと、施設内で転倒したことがある

32　長沼建一郎『介護事故の法政策と保険政策』法律文化社、2011年、209頁、菅原好秀「利
用者の介護拒絶と介護施設の安全配慮義務の裁判例に関する研究」『東北福祉大学研究紀要』
第32巻81頁。

第2章　介護事故と法的責任　　231

- 女性の下肢の状態は麻痺や関節の屈曲制限ないし拘縮などがあり、歩行時も膝が突っ張った状態で不安定であった
- 主治医から女性の介護にあたっては歩行時の転倒に注意すべきことを強く警告されていた
- トイレは入り口から便器まで1.8m距離、横幅1.6m、入口から便器まで手すりがない構造であった
- 意思能力に問題のない要介護者が介護拒絶の意思を示した場合であっても、介護の専門的知識を有すべき介護義務者は、介護を受けない場合の危険性と回避するための介護の必要性を専門的見地から意を尽くして説明し、介護を受けるように説得すべきであり、それでもなお要介護者が真摯な介護拒絶の態度を示したという場合でなければ、介護義務を免れることにはならない

4 参考裁判例

　多発性脳梗塞の治療のため入院した患者について、入院翌日トイレに行く際、往路は看護師の付き添いがあったものの、患者が一人で病室に帰れる旨述べたためトイレの前で別れたところ、30分後患者がベッドのわきで転倒しており急性硬膜下血腫で死亡した事故について、当該看護師に介添えを怠った過失があるとして、病院側の不法行為責任が認められた事例（東京高判平成15年9月19日判時1843号69頁）。

　本判決においては、担当看護師は患者から「『一人で帰れる。大丈夫』といわれたので、トイレの前で別れ、他の患者の介護に向かった」との事実を認定しつつ、介添えをする義務の有無においては言及せず、過失相殺の要素として、考慮された。そして、「医師及び看護婦から、転倒等の危険性があるのでトイレに行く時は必ずナースコールで看護婦を呼ぶよう再三指導されていた」こと、患者の「意識は清明であり」こと、担当看護師

が患者の「状態を比較的よく観察しており、また、」患者の「意思を尊重したという側面もあったことは否定できない」ことを挙げ、8割の過失相殺を認めた。

利用者の利用者に対する加害行為

Q 特別養護老人ホームの利用者間でトラブルが発生し、介護職員が見ていない間に、一方の利用者が他方の利用者を転倒させてしまいました。転倒した利用者は骨折の怪我を負いました。
　このような場合であっても、介護サービスの提供者は当該傷害に関して損害賠償責任を負うのでしょうか。

A 利用者と施設の間の契約の内容や実施状況等から、
① 介護事故（利用者が他の利用者を転倒させること）の発生を予見できた又はすべきであったこと
② 介護事故の発生を防止する具体的な措置を取る義務があり、措置を取ることが可能であった
と評価できる場合には、仮に利用者による加害行為によって発生した傷害であったとしても、損害賠償責任を負うことになります。

1 損害賠償責任を負う者

　まず、施設側以外に損害賠償責任を負い得る者を考えてみます。
　第1に挙げられるのは、加害行為をした利用者です。加害行為をした利用者は、被害利用者との間に契約関係がないので、不法行為[33]に基づく損害賠償責任を負う可能性があります（不法行為責任といいます。民法709条）。ただし、加害行為をした利用者が、重度の認知症等により、事故行為と結果の是非善悪を判断する能力を喪失している場合には、不法行為に基づく責任を負わせることはできません（民法713条）。
　加害行為をした利用者が判断能力の喪失により責任を負わない場合には、その者の監督をすることが法律で義務づけられている者は、自己が一

33　不法行為とは、不注意又はわざと（故意又は過失）、他人に怪我をさせた（権利侵害と損害の発生、侵害行為と損害との間の因果関係）場合に、その損害を金銭の支払いで賠償する義務を負うことをいいます。

般的に日常の監督を怠らなかったときを除き、不法行為責任を負います。介護施設の利用者に関する法定義務者としては、後見人（民法857条、857条の２、858条）がいます。

2 介護サービス提供者の責任

介護サービスを提供する事業者は、利用者に対し、両者間の介護サービス提供契約に基づき、同サービスの提供にあたって利用者の生命・身体の安全に配慮すべき義務を負い、当該配慮に基づく措置を怠って怪我等の損害を発生させた場合には、その損害を賠償する責任を負います（民法415条）。

また、事業者の介護職員が、故意又は過失により利用者に怪我といった損害を負わせた場合には、その損害を賠償する責任を負います（民法709条）。過失とは、危険を察知する注意を怠り必要な措置を取らないという注意義務違反をいいます[34]。

そして、どのような措置を取るべきかについて、裁判では、事業者と利用者の間の契約の内容や、その実施に伴い得ていた・得ているべき情報によって個別に判断されます。

例えば、心身ともに自立している利用者に対して、健康維持のための施設と食事等のサービスを提供することを目的としている高齢者施設では、仲の悪い利用者同士がいたとしても（予見可能性）、通常業務に追われている施設職員が、利用者の行動を逐一監視してトラブルが起きないような措置を取るべき法的義務（結果回避義務）を負わされる可能性は低いでしょう。また、心身ともに一定の介護を必要とする利用者に対して、日常生活上の介護を提供することを目的とする介護施設においても、加害行為をした利用者が、これまで同種行為をした前歴もなく、主治医及び親族から同種行

34　以上の内容については、本章「総論」（206ページ）、「徘徊・行方不明」（215ページ）の脚注及びコラムに詳述しています。

為に及ぶ傾向の存在について伝えられることもなく、加害行為までのサービス実施の結果から見ても加害行為をする兆候が見られないのであれば、（予見可能性がなく）加害行為の回避のための措置を取る義務を負わされる可能性は低いでしょう。

　下記モデルとなった裁判例では、まさにどのような安全配慮義務を負うかが争われた事例であり、第一審と控訴審で判断が分かれました。控訴審判決では、介護施設側の一定の対応を認めつつも、さらに進んだ対応を、具体例を挙げつつ求めています。判断が分かれたことからも、評価が紙一重となるような事案といえます[35]。

３ モデルとなった裁判例
（大阪高判平成18年8月29日賃金と社会保障1431号41頁、大阪地判平成17年6月27日賃金と社会保障1431号57頁）

［1］ 事案の概要

　特別養護老人ホームにおいてショートステイを利用中、車いすに座っていたＡが、同サービスの利用者であるＢに車いすを押され転倒し、後遺障害を負ったとして、同ホームに対し債務不履行を主張して損害賠償として合計1,503万7,122円を請求した事案。第一審棄却。控訴審1,054万5,452円認容。

［2］ ポイント

- 同ホームと利用者間の契約は、利用者の有する能力に応じて可能な限り自立した日常生活が営めるように支援することを目的として、同ホームが、利用者に対し、介護保険給付対象サービスとして入浴、排せつ、食事等の介護その他日常生活上の世話及び機能訓練を提供すること等のサービスを提供するもの

35　前掲『介護事故の法政策と保険政策』213頁

236　第Ⅱ部　介護

- Bは日常的に暴力的な言動に出ていた
- 本件事故の前、Bは自室で家族の迎えを待機し、Aはデイルームでテレビを見ていた
- 介護職員Cは、別室でおむつ交換をしており、他の介護職員は各々別の業務にあたっていた
- 本件事故の直前、Bは、Aの座っている車いすが自身のものと誤信し、Aの車いすのハンドルをつかんだ。Cは、Bに対して注意して自室に戻らせたが、同じやり取りが3度あり、Bの行為態様は、ハンドルを揺さぶったりAの背中を押したりと若干エスカレートした。
- 3度目のやり取りの後、デイルームでドスンという物音が聞こえたためCが向かうと、Aは車いすの横に倒れていた。Bは車いすの背後にハンドルをつかんで立っていた。

［3］ 第一審の評価のポイント

- ショートステイの契約が、「契約者がその有する能力に応じ、可能な限り自立した日常生活を営むことができるように支援することを目的」としている
- 契約内容からすると、「入所者の行動を逐一監視するような完全介護状態による介護を行う義務」まではない
- 同ホーム側には事故の予見可能性がない

［4］ 控訴審の評価のポイント

- 同ホームは、契約約款記載のとおり、「サービスの提供にあたり、契約者の生命、身体の安全に配慮すべき義務を負うことは当然
- Bが執拗にAの車いすが自身のものと主張してハンドルを揺らす等しているから、Cの説明には納得しておらず、継続して同様の行為をするだけでなく、本件事故の原因となる行為にまでエスカレートさせることも予測可能であった

第3章

職員に関する諸問題

職員の感染症対策

Q 病院や介護施設では、インフルエンザやノロウイルスといった感染症の集団感染が起こりやすいといえますが、職員の感染症対策としてどのようなことに気をつければ良いでしょうか。

A 感染症対策では、①感染源の排除、②感染経路の遮断、③健康管理という3つの原則に留意する必要があり、具体的には、標準予防措置策（スタンダード・プリコーション）を徹底することが重要となります。
また、職員自身の健康管理として、健康診断の受診、ワクチン接種を行うことや、介護施設側で感染事例発生時の緊急報告や緊急処置の体制を整備しておくことも重要となります。

1 病院や介護施設における感染症

病院や介護施設の特徴として、その利用者の多くが高齢者であるということが挙げられます。高齢者は感染症に対する抵抗力が弱いので、ひとたび感染症が発生すると、すぐに他の高齢者に広がり、介護施設の入居者だけでなく、職員や家族等の面会者に対して感染が広がるおそれもあります。

また、病院や介護施設で感染症が発生した場合、病院や介護施設は感染症に罹患した患者側から損害賠償責任を追及され、医療・介護施設としての評価も大きく毀損されることになります。

例えば、生体肝移植手術を受けた患者がMRSA敗血症に罹患したことを原因として死亡したことから、原告らが、患者がMRSAに感染したのは被告病院の管理体制の不備が原因であることを主張して損害賠償請求を行った事案において、裁判所は、被告病院の管理体制の不備、及び手術前後のMRSAに対する検査義務を怠ったとして、被告病院の損害賠償責任を認めています[36]。

以上のことから、介護施設の職員としては、感染症予防の体制を整備し、

240　第Ⅱ部　介護

常々から感染症対策を徹底しておく必要があるといえます。

2 感染症対策の3原則

感染症対策には3つの原則があります。それは、①感染源の排除、②感染経路の遮断、③健康管理です。

［1］ 感染源の排除

感染症対策では、感染源となる病原微生物（細菌、ウイルスなど）や病原体を排除することが重要です。

病原微生物や病原体の多くは、①嘔吐物・排泄物（便・尿など）、②血液・体液・分泌物（たん、膿など）、③使用した器具・器材（注射針・ガーゼなど）、④①から③に触れた手指で取り扱った食品などの中に存在します。また、発症している患者自身も感染源となります。

これらの感染源を排除するためには、発病者の早期発見と治療、定期的な清掃による清潔保持、適切な消毒などが重要となります。

［2］ 感染経路の遮断

感染症対策では、接触感染、飛沫感染、空気感染、血液媒介感染などの感染経路を遮断することが重要です。

そして、感染経路を遮断するためには、①感染源を持ち込まないこと、②感染源を持ち出さないこと、③感染源を拡げないことの3つがポイントになります。

そのためには、うがい・手洗いを徹底すること、環境の清掃、患者の血液・体液・分泌物・嘔吐物・排泄物等に直接触れないことなどが重要となります。

---

36 名古屋地判平成19年2月14日

［3］ 健康の管理

感染症対策では、入居者の健康管理も重要となります。入居時の健康管理としては、入居時健康診断の実施、入居前の診断書の確認、既往歴や現在治療中の感染症の確認を行うことが挙げられます。

また、入居後の健康管理としては、衛生管理の徹底に加え、日常から入居者の抵抗力を高め、感染予防を進めることが重要です。

3 標準予防策（スタンダード・プリコーション）の重要性

感染症対策の3原則を履行するため、具体的には、標準予防措置策（スタンダード・プリコーション）と呼ばれる感染管理のための基本的な措置を徹底することが重要となります。

標準予防措置策とは、「誰もが何らかの感染症を持っている可能性がある」と考えて、すべての利用者に対しての「感染の可能性のあるもの」への接触を最小限にすることで、利用者・スタッフ双方の感染の危険を少なくする方法です。

「感染の可能性のあるもの」として扱う必要のあるものとは、血液、体液（精液、膣分泌液）、分泌物（痰、唾液、鼻水、目やに、母乳など）、吐しゃ物、排泄物（尿、便など）創傷皮膚、粘膜（口・鼻の中、肛門、陰部）などが挙げられます。

主な予防策としては、具体的に以下のものが挙げられます。

具体的な対応時	標準予防策
・「感染の可能性のあるもの」に触れた後 ・手袋を外した後 ・利用者に接触する前後	手洗い
・「感染の可能性のあるもの」に触れるとき ・粘膜、傷のある皮膚に触れるとき ・使用後、汚染されていない物やドアノブ・手すり等の環境表面に触る前	使い捨て手袋（他の患者の所に行くときは外し、手洗いをする）

・痰や咳の多い利用者を介護、処置するとき ・便や嘔吐物等が飛び散って、目、鼻、口を汚染しそうなとき ・職員に咳・くしゃみがあるとき	マスク
・衣類が汚染しそうなとき	ガウン（汚れたガウンはすぐに脱ぎ、手洗いをする）

４ 感染症が発生した場合の対応

施設において、感染症が疑われる事例が発生したときには、感染の拡大を防止するため、感染管理担当者を中心に次のような対策を取る必要があります。

［1］ 発生状況の確認

(1) 患者の症状の把握

まず、感染症が疑われる患者に、どのような症状があるのか正確に確認します。

(2) 施設全体の状況の把握

次に、施設全体の感染状況につき、日時別、棟・フロア・部屋別の発症状況を確認します。

そして、感染者の検査結果、治療内容等を踏まえて、患者の罹患している感染症を分析し、また、普段の有症者数と比較することなどを通じて、感染症の発生状況の全体像を理解します。

［2］ 感染拡大の防止

(1) 職員への伝達

施設管理者は感染症の発生状況につき施設職員に対して正確に伝達し、施設全体での感染症対策を図ります。そのために、全職員に対して迅速かつ正確に情報を送付するための連絡網を整備しておく必要があります。

(2) 感染拡大防止策の徹底

　日ごろの標準予防策に加えて、すでに発生している感染症の拡大を防止するために特に留意すべき事柄を検討し、感染拡大防止策を実行します。

5 職員自身の健康管理

［1］感染媒介となり得る職員

　病院や介護施設の職員は、施設の外部との接触の機会が多く、施設内部に病原体を持ち込む可能性が高いことを認識する必要があります。

　また、介護職員や看護職員等は、日々の業務において、入所者と密接に接触する機会が多く、入所者間の病原体の媒介者となるおそれが高いことも認識すべきといえます。

　そして、もし施設の職員が感染症の症状を呈した場合には、病原体を施設内に持ち込ませないため、症状が改善するまでは出勤停止の措置を取ることを検討する必要があります。

　また、職員の家族が感染症に感染している場合も、職員自身が病原体の媒介者となるおそれがあるため、自己の健康に気を配り、症状が出たらすぐに施設管理者等に相談する必要があるといえます。

［2］職員の健康管理

(1) 入職時の確認

　職員の入職時に、健康診断を実施し、感染症の既往がないか、予防接種は行っているか等について詳細に確認しておく必要があります。

(2) 定期的な健康診断

　事業者は職員に対して、定期の健康診断を行う義務があります（労働安全衛生法66条１項）。

　そのため、事業者はすべての職員に定期的な健康診断の実施を周知徹底し、受診するよう強く働きかける必要があります。

244　　第Ⅱ部　介護

(3) 体調不良時の対応

　体調不良時には、早めに医療機関に受診し、嘔吐、下痢などの症状がある場合は休みを取るなど、利用者や他の職員に感染させない措置を取ることが必要になります。

　また、体調不良の発症時期とその時の症状、現在の症状について施設管理者等に正確に報告する必要があります。

(4) ワクチンによる予防

　ワクチンで予防可能な感染症については、職員は可能な限り予防接種を受け、施設内で感染症の媒介者にならないようにすることが重要です。

　なお、委託職員であっても入所者と接する機会が多い場合は、なるべくワクチンを接種することが望まれます。

(5) 職業感染対策

　職業感染対策の基本は、標準予防措置策（スタンダード・プリコーション）の徹底やワクチンの接種ですが、万が一職員が入所者の血液や体液等に直接触れる事例が発生した場合に備えた対応策も必要となります。

　そのような職業感染対策として、施設長は、感染症事案が発生したときの緊急報告や緊急処置の体制及びマニュアルを整備しておくことが挙げられます。

　また、予防薬等の投与が考えられる疾患（HBV、HIV など）については、あらかじめ、必要な対応について、協力病院等に相談しておくことが推奨されます。

　なお、業務上入所者の血液や体液等に触れたことにより、HBV、HCV、HIV などの感染症に罹患した場合には、そのことにより生じた損害（治療費等）について、労災保険の保険給付の対象となる場合があります。

第3章　職員に関する諸問題　　**245**

確保すべき職員数

介護施設の確保すべき職員数について教えてください。

介護保険施設における医師の人員基準を見ると、介護老人福祉施設では入所定員100名当たり非常勤の医師1名、介護老人保健施設では常勤の医師1名、介護療養型医療施設では常勤の医師3名が必要となっています。

また、看護・介護職員数に関しては、どの介護保険施設も利用者3名当たり1名の看護・介護職員が必要となっているものの、介護保険施設間で看護職員と介護職員の比率に違いがあり、介護老人福祉施設、介護老人保険施設、介護療養型医療施設の順に看護職員の人員配置数が多くなっています。

1 さまざまな職種の職員

　介護施設では、医療に関する職業（医師、看護師）、リハビリに関する職業（理学療法士、作業療法士、言語聴覚士、臨床心理士など）、介護職員（介護福祉士、ヘルパー資格保持者）、その他（事務職員や調理師など）のさまざまな職種の職員が働いており、それぞれの職員が常勤職員、パート職員、契約職員、派遣職員などさまざまな雇用形態で雇われています。

　そして、介護施設は、勤務体制が24時間体制となっているため、前もって綿密にシフトを編成し、その中で適切な人員配置を行うことが必要となります。

2 介護保険施設の人員基準

　介護保険で被保険者である利用者にサービスを提供できる施設を介護保険施設といいますが、介護保険施設には、介護老人福祉施設（特別養護老

人ホーム）、介護老人保健施設（老健）、介護療養型医療施設の3種類の施設があります。これらの施設の人員基準をまとめると以下のとおりとなります。

介護保険施設の人員基準	
施設名	人員基準（入所定員100人当たり）
介護老人福祉施設	・医師（非常勤可）：1人 ・看護職員：3人 ・介護職員：31人 ・介護支援専門員：1人 ・生活指導員：1人 ・栄養士：1人 ・機能訓練指導員：1人 など
介護老人保健施設	・医師（常勤）：1人 ・看護職員：9人 ・介護職員：25人 ・理学療法士、作業療法士又は言語聴覚士：1人 ・介護支援専門員：1人 ・支援相談員：1人 ・栄養士：1人 など
介護療養型医療施設	・医師（常勤）：3人 ・看護職員：17人 ・介護職員：17人 ・介護支援専門員：1人 ・栄養士：1人 など

　介護保険施設の人員基準を比較すると、おおむね、介護老人福祉施設、介護老人保健施設、介護療養型医療施設の順で人員基準が厳しくなっていくことがわかります。

第3章　職員に関する諸問題　　247

例えば、医師の人員基準を見ると、介護老人福祉施設では入所定員100名当たり非常勤の医師１名で足りるのに対し、介護老人保健施設では常勤の医師１名が必要となり、さらに介護療養型医療施設では常勤の医師３名が必要となっています。

　また、看護・介護職員数に関しては、どの施設も３人の利用者に対して１名の看護又は介護職員が必要となっているものの、看護職員と介護職員の比率に違いがあり、介護療養型医療施設では、より看護職員の人員配置数が多くなっています。

　さらに、上記３つの施設を比較したときの特徴的な人員配置として、介護老人保健施設において、入所定員100名当たり、理学療法士、作業療法士又は言語聴覚士を１人配置することとしている点が挙げられます。

　なお、介護療養型医療施設は2018（平成30）年３月末に設置期限を迎えており、６年間の経過期間を経て、順次、介護医療院に転換する予定です。

　2018（平成30）年４月からスタートした介護医療院は、介護療養型医療施設に代わる要介護高齢者の長期療養・生活施設として機能することになり、その人員基準は、従来の介護療養型医療施設相当の基準と介護老人保健施設相当の基準に区分されています。

❸ 介護付有料老人ホーム

　介護付有料老人ホームは、都道府県から特定施設入所者生活介護サービス施設の指定を受け、「特定施設」と呼ばれる介護施設です。介護付有料老人ホームは、介護施設が介護福祉サービス事業者の指定を受けて提供するものであり、そこでは、介護保険制度による特定施設入居者生活介護サービスを利用することができます。

　そのため介護施設は、介護保険法で定められた人員基準を満たす必要があります。

248　　第Ⅱ部　介護

介護付有料老人ホームの人員基準	
施設名	人員基準（入所定員100人当たり）
介護付有料老人ホーム	・生活相談員（常勤）：１人 ・看護職員：３人 ・介護職員：31人 ・機能訓練指導員：１人 ・計画作成担当者：１人 など

　介護付有料老人ホームでも、**2**で確認した介護保険施設同様、３人の利用者に対して、１人の看護又は介護職員を配置することが義務づけられています。

　もっとも、介護施設は、利用者に対して、24時間、常に指定された人員を配置しなければならないわけではありません。ここで、常勤換算という考え方が用いられています。

　常勤換算とは、「当該事業所の従業者の勤務延べ時間数を当該事業所において常勤が勤務すべき時間数で除することにより、当該事業所の従業者の員数を常勤の従業者の員数に換算すること」をいいます。

　つまり、当該介護施設で働く職員の総労働時間を、常勤職員が勤務するべき時間（１日８時間働いて週５日勤務が典型的）で除して、当該介護施設における従業員の員数を常勤職員の員数に置き換える常勤換算を用いることで、実際には利用者10人に対して、職員１人程度が人員配置の最低基準であるといえます。

４ 介護施設の営業停止

　介護施設は、営業開始後、数年に一度都道府県及び市町村が行う実地指導を受けなければなりません。また、実地指導で問題があった場合には監

第3章　職員に関する諸問題　　**249**

査を受ける場合もあり得ます。なお、これらの実地指導や監査は、事前通告なしに行われる場合もあります。

　実施指導や監査は、介護サービス事業者の育成・支援などを目的として、介護サービス事業者が適正な事業運営を行っているか確認するためのものです。この実地指導や監査で問題があると認められると、介護施設に対して改善勧告や改善命令が出されることになります。

　そして、介護施設が改善命令に従わない場合、介護施設の効力停止処分（全部停止又は一部停止）又は指定取消処分が行われることになります。

5 シフト編成と要員配置の重要性

　介護施設の人員基準を満たすためには、3で述べた常勤換算を考慮しつつ、綿密なシフト編成を行う必要があります。

　介護施設では、24時間体制で運用されている都合上、4交代制というシフトを採用している場合が多いです。つまり、早番、日勤、遅番、夜勤の4つの時間帯を基本に、交代制のシフトを決定していくことになります。

　また、多くの施設では、人手が多く必要となる時間帯に多くのスタッフを配置する体制をとっています。すなわち、1日の中でも、利用者の食事や入浴など人手が多くかかる時間帯にスタッフを増やし、夜間は小人数の体制で運営している介護施設が多いようです。

250　　第Ⅱ部　介護

入れ墨を入れた職員

Q 入れ墨を入れた介護スタッフや、経歴詐称があった介護スタッフを辞めさせることはできるのでしょうか。

A 入れ墨を入れているという事実だけを理由に解雇をすることは、解雇権の濫用として無効になる可能性があります。また、入れ墨によって業務上の支障が生じているなどの合理的な理由を有する場合でも、直ちに解雇することは社会通念上不相当であり認められない可能性が高く、可能な限り解雇以外の代替処分の検討などを行うべきです。
一方、経歴詐称に関しては、介護スタッフが採用時に重要な事実を偽っており、当人と使用者との間の高度な信頼関係が破壊されたといえるのであれば、使用者による解雇は広く認められる傾向にあります。

■ 私生活上の自由と労働契約上の制限

近年、入れ墨は、若者層を中心にファッション又は美容の手段として捉えられるようになり、自己表現のため身体に入れ墨を施す人が多くなっています。このように身体に入れ墨を施すことは、基本的に個人の自由であり、容姿、服装、髪型などと同様、他人がそれに口出しすることはできません。

しかし、いくら入れ墨を施すことが個人の私生活上の自由であったとしても、労働契約を締結して介護スタッフとして働くという場合、そのような自由に一定の制約が生じます。

入れ墨はファッション又は美容の手段としての側面が強くなってきているとはいえ、未だ反社会的勢力のイメージが根強くあり、介護施設の利用者がスタッフの入れ墨を見て恐怖心を抱いたり、利用者からのクレームが相次いだりするといった業務上の支障が生じ、企業イメージが低下することも十分考えられるところです。

第3章 職員に関する諸問題 **251**

そのため、使用者は、入れ墨についても、介護施設の運営上必要な範囲で合理的な制限を定めることは認められているといえます。

2 入れ墨を理由とする解雇

それでは、入れ墨を理由として介護スタッフを解雇することができるのでしょうか。

ここで、解雇は、客観的に合理的な理由を欠き、社会通念上相当であると認められない場合は、その権利を濫用したものとして無効になります（労働契約法16条）。

そのため、解雇が認められるためには、解雇に合理性や相当の理由が存在すること、解雇理由と解雇処分との間のバランスが取れていることなどが必要となります。

これを本件について見ると、介護スタッフが入れ墨をしていることによって介護施設の利用者からクレームが相次ぐような場合には、業務上の支障が生じているといえ、介護スタッフの入れ墨に対して一定の制限を課すことに合理的な理由があるといえます。

また、例えば、介護スタッフの入れ墨が一般的なファッションの枠を超えて見る人に恐怖を抱かせる図柄であったり、介護スタッフがその入れ墨を介護施設の職員や利用者に誇示したりしているといった事情がある場合には、入れ墨に対して一定の制限を課すことにより強固理由があるということができます。

しかし、基本的に、単に入れ墨を入れているという事実だけで介護スタッフを解雇することは、客観的に合理的理由がなく社会通念上不相当であるため、無効である可能性が高いといえます。

また、仮に、入れ墨により業務上の支障が生じているというような事情があったとしても、その介護スタッフを直ちに解雇するような場合には、

その解雇は社会通念上相当であるとは認められず、解雇は無効と判断される可能性が高いといえます。

③ 参考となる裁判例

参考となる裁判例として、黄色に髪を染めた労働者が使用者の再三の命令にもかかわらず黒色に染め直さなかったことを理由に諭旨解雇されたために解雇の有効性を争った裁判例があります（福岡地裁小倉支決平成9年12月25日労判732号53頁（株式会社東谷山家事件））。

この裁判では、労働者の身だしなみに対する制限は企業運営上必要かつ合理的な範囲内にとどめるべきであり、制限にあたっては、「制限の必要性、合理性、手段方法としての相当性を欠くことのないよう特段の配慮が要請されるものと解するのが相当であ」るとして、そのような配慮を欠く解雇を無効と判断しています。

このように、裁判例は、労働者の私生活上の自由は企業経営の必要性から合理的な制限を受けることになるものの、その制限を課すにあたっては必要性、合理性、相当性を慎重に判断する必要があり、労働者に過度な不利益を与えてはいけないと判断する傾向にあります。

④ 解雇に代わる措置

そのため、介護スタッフが入れ墨を入れていたケースでも、直ちにそのスタッフを解雇するのではなく、入れ墨が見えない服装にするよう指導したり、利用者とあまり接することのない業務に配置転換したりして、できるだけそのスタッフを解雇しなくて済むような方法を検討する必要があるといえます。

ただし、入れ墨は、髪の毛の色に比べて、社会的に広く受け入れられているわけではないですし、また、介護施設で利用者と接する業務を行う際

第3章　職員に関する諸問題　　253

に業務上の支障が生じる可能性はより高いといえます。

　そのため、入れ墨を禁止する規制は、通常の身だしなみ規制より広く、必要性、合理性、相当性が認められるものと考えられます。

⑤ 採用段階における入れ墨の拒否

　以上の検討を踏まえると、入れ墨を入れた介護スタッフを解雇するためには、解雇について十分合理的な理由がなければならず、また、いきなり解雇手続を取るのではなく、より軽微な処分から始めて段々と処分を強くしていく、解雇に際しての事情聴取や説明を丁寧に行うなどの工夫が必要となります。

⑥ 経歴詐称を理由とする解雇

　経歴詐称とは、労働者が使用者に採用される際に提出する資料や面接において、職歴、学歴、犯罪歴等を詐称することをいいます。

　雇用契約は労働者と使用者の間の高度な信頼関係の上に成り立つものであるため、使用者は、雇用契約の締結に際して、労働者に対して、契約に基づく職務の遂行に支障はないか、また、企業秩序を損なうことがないかといった点につき確認することになります。

　そして、その際に労働者は、使用者に対して、使用者の信頼を裏切ることのないように誠実に真実を告知すべき義務を負っているといえます。

　そのため、後に労働者が使用者との高度な信頼関係を破綻させるような重大な経歴詐称を行っていたことが発覚した場合には、使用者は、その労働者に対して、懲戒処分（懲戒解雇も含む）を行うことが可能となります。

　例えば、真実は大学中退であった従業員が、「高校卒」と履歴書に記載して採用試験を受け、採用されたものの、入社後に学歴詐称をしていたことが発覚し、会社がそれを理由として当該従業員を解雇した事案において、

254　第Ⅱ部　介護

最高裁判所は、従業員が大学中退の学歴を隠したことは会社就業規則所定の懲戒解雇事由に該当するとした上で、会社による解雇は解雇権の濫用にあたらず有効である旨判示しました（最判平成3年9月19日労判615号16頁（炭研精工事件））。

7 経歴詐称の具体例

［1］ 職歴

職歴は、労働者の能力の指標となる要素であり、使用者がその労働者を採用するかどうかの決定的な動機となり得る事情です。

そのため、労働者が実際には介護職に従事した経験が無いにもかかわらず、履歴書の職歴欄に虚偽の介護職歴を記載していたような場合には、懲戒解雇とすることも十分に考えられます。

［2］ 学歴

学歴に関しては、使用者が学歴を明確な採用基準としている（「介護系専門学校卒業者」など）などの事情がある場合には、労働者が学歴を詐称することにより、労働力の適正配置を誤らせることになります。

そのため、そのような学歴詐称は、労働者と使用者の間の高度な信頼関係を破綻させる経歴詐称に当たるといえ、労働者に対する懲戒解雇も十分に考えられます。

［3］ 犯罪歴

犯罪歴に関しては、それ自体が労働者の業務内容や賃金の評価に影響しないことも多いため、犯罪歴を申告しなかっただけでは、直ちに懲戒解雇事由にならないケースが多いといえます。

しかし、労働者が前職で介護施設の入居者を虐待していて捕まったにもかかわらず、その犯罪歴を秘して新しい会社で介護職員になる場合など、実際の業務や企業秩序に重大な影響を及ぼすケースでは、重大な経歴詐称

があったとして、その労働者に対する懲戒解雇も十分に考えられます。

重大な経歴詐称は解雇の理由となり得ます

職員のメンタルダウン

 介護職員のメンタルケアはどのように行っていくべきでしょうか。

 事業者は、職員のメンタルヘルスには個人差があること、及び職員のプライバシーに細心の注意を払うことなどに留意しつつ、職員の精神面の健康を保つために、「心の健康づくり計画」を策定し、産業医などの専門家と連携しながら、職場環境の改善などの措置を実施することが求められます。

その際、メンタルヘルスケアの方法として、①セルフケア、②ラインによるケア、③事業場内産業保健スタッフなどによるケア、④事業場外資源によるケアという4つの方法を念頭に置くことが有益となります。

1 安全配慮義務

昨今、労働者の受けるストレスは拡大する傾向にあり、メンタルヘルスに不調をきたす労働者が増加しています。それとともに、企業のメンタルヘルス対策が大きくクローズアップされるようになりました。過重労働が原因で自殺したり、うつ病などの精神障害を発症したりした労働者やその家族が起こした裁判や労災申請が増え、リスクマネジメントの観点からも、企業が職員の安全や健康に配慮した取組みを検討せざるを得なくなったためです。

近年では、2015（平成27）年に、大手広告代理店で、当時24歳の新入社員の女性が長時間労働によりうつ病に罹患し、過労自殺した事件が話題となりました。その会社では、1991（平成3）年にも当時24歳の新入社員の男性が過労自殺をし、その後、最高裁判所で1億6,800万円の損害賠償責任が認められたという過去の経緯があり、大きな非難を浴びました[37]。

第3章　職員に関する諸問題　257

介護施設においても、長時間労働、パワハラ・セクハラ、施設の人間関係などの問題を原因として、職員が精神的に不健康な状態に陥ることが多々あります。そのような職員は、希死念慮や無気力などの症状により日常生活や会社の業務に支障をきたすようになり、本人のみならず周囲の人間にも何らかの影響を及ぼすことが懸念されます。

　そのため、使用者である介護施設は、安全配慮義務の一環として、自殺や精神障害などの問題を未然に防ぐために、職場環境や労働条件などを整備し、介護職員が精神疾患を発症しないようにメンタルヘルス対策を講じる義務があります。

2 メンタルヘルス対策の基本的考え方

［1］ 事業者の取組み

　職員の精神面の健康を保つために、事業者は、職員の労働時間や健康状況を適切に管理し、それらに応じた適切な措置を講ずる必要があります。

　具体的には、健康診断の結果、産業医による職場巡視、時間外労働の状況などさまざまな情報から職員の心身の健康状況を把握するように努め、職場環境の改善、積極的な健康づくりなどの措置を実施することが求められます。

［2］ 産業医などの積極的活用

　メンタルヘルス対策においては、医学的知識を基礎とした健康管理が非常に効果的かつ重要となっており、産業医などの積極的関与が欠かせません。そのため、事業者は、介護施設内外の産業医などの専門家に積極的にアドバイスを求め、専門家との連携を図る必要があります。

37　最判平成12年3月24日

［3］ メンタルダウンした職員への対応

　実際に、介護施設の職員が心の病と判断された場合には、すぐに休職措置を取り、十分に休養を取らせることが必要となります。それと平行して、専門医によるカウンセリングや投薬などを行い、心の病を治療していくことになります。

　また、回復後に復職する際も、いきなり従前の業務に復帰させるのではなく、より軽易な作業を行うリハビリ期間を設け、専門機関と提携して職員の様子を見ながら、段階的に職場復帰できるように支援していくことが重要です。

3 メンタルヘルスケアにおける留意事項

　介護施設が職員のメンタルヘルス対策のための計画を立てて実際に実行する場合、主に次のような点に留意する必要があります。

［1］ 心の健康問題の個人特性

　職員が心の健康を害する要因には、さまざまなものがあるため、真の要因の発見や評価は容易ではありません。同じ職場環境下であっても、本人の性格や私生活の状況などによって心の健康問題の発生過程には個人差があり、正確なプロセスの把握も困難であるといえます。

　また、発症した場合の症状にも個人差があり、治療までの過程も個々人により千差万別です。

　さらに、心の健康問題を抱える職員に対して、健康問題以外の観点から評価が行われる傾向が強いという問題や、心の健康問題自体についての誤解や偏見等も根強く存在します。

［2］ 職員の個人情報保護への配慮

　メンタルヘルス対策は、職員の心の健康という最もプライベートな部分に踏み込む行為です。その情報が確実に保護されているという保証がなけ

第3章　職員に関する諸問題　　**259**

れば、職員は安心してメンタルヘルスケアの過程に参加することができず、メンタルヘルスケアが効果的に推進されません。

そのため、本人の同意なく、その職員の個人情報の開示、使用、第三者提供等はしないということを徹底的に遵守し、職員のプライバシーの保護に関して細心の注意を払うことが重要です。

［3］ 人事労務管理との協力

介護施設におけるメンタルヘルスの問題は、職場配置、人事異動、職場の組織、労働時間、業務内容等の人事労務管理と密接に関連する部分が多いといえます。

そのため、メンタルヘルスケアにあたっては、人事労務管理部門と連携しつつ、事業場における問題点などを検討し、事業場の実態に即した取組みを行っていく必要があります。

［4］ 家庭・個人生活等の職場以外の問題

メンタルヘルスの問題は、職場のストレス要因のみならず、家庭・個人生活等の職場以外のストレス要因の影響を受けている場合が多いです。

そのため、職員のプライバシーの保護に細心の注意を払いながら、家庭・個人生活に問題はないか把握に努め、職場と家庭・個人との間の相互関係も検討する必要があるといえます。

４ 介護職員のメンタルヘルスケア

職員のメンタルヘルスを守るために重要なガイドラインとなっているのは、厚生労働省が公表している「労働者の心の健康の保持増進のための指針」（メンタルヘルス指針、平成18年3月策定）です。

この指針は、職場における職員の心の健康を守るための措置について定めています。メンタルヘルスに対する基本的な考え方としては、職場に存在するストレス要因は、職員自身の力だけでは取り除くことができないも

のもあることから、労働者の心の健康を保持するためには、職場環境の改善も含めて、事業者によるメンタルヘルスケアの積極的推進が重要であるというものです。

メンタルヘルス指針では、メンタルヘルスケアの方法として、①職員自身による「セルフケア」、②職員と日常的に接する人間が行う「ラインによるケア」、③事業場内の産業医等のスタッフが職員や管理監督者を支援する「事業場内産業保健スタッフなどによるケア」、④事業場外の機関及び専門家を活用し、支援を受ける「事業場外資源によるケア」という４つの方法が示されています。

４つのメンタルヘルスケア

ケアの方法	ケアの内容	具体的方策
セルフケア	職員自身がストレス反応や心の健康について理解するとともに、自らのストレスや心の健康状態について正しく認識し、自らのストレスを予防・軽減する。	・セルフケアに関する教育研修 ・相談体制の整備 ・ストレスチェクの実施
ラインによるケア	職員と日常的に接する他の職員（管理監督者など）が、心の健康に関して職場の環境を改善したり職員との相談に応じたりする。	・管理監督者による相談体制の整備
事業場内産業保健スタッフ等によるケア	メンタルヘルスケアの実施に関する企画立案、メンタルヘルスに関する個人の健康情報の取扱い、事業場外資源とのネットワークの形成や窓口になること等、心の健康づくり計画の実施にあたり、中心的な役割を果たす。	・産業医等による助言、指導 ・心の健康づくり専門スタッフや保健師等の確保
事業場外資源によるケア	産業保健総合支援センターの地域窓口等の外部の機関や専門家を活用し、その支援を受ける	・職員を速やかに事業場外の医療機関及び地域保健機関に紹介するためのネットワークの形成

第3章　職員に関する諸問題　　261

5 どのようにメンタルヘルスケアに取り組むか

　介護施設がメンタルヘルスの問題に取り組む際には、何をどのように進めていくのか、どの範囲まで施設が関わる必要があるのかといったことが問題となります。

　この点、メンタルヘルス指針では、メンタルヘルス対策を行う際には、まず各施設の実態を考慮して「心の健康づくり計画」を策定することを推進しており、介護施設でも、介護事業の特徴を踏まえた「心の健康づくり計画」を策定することが重要であるといえます。

　介護事業の特徴としては、非常勤職員のシフトによる交代制の現場であることが多く、必ずしも人事労務管理が行き届いていないために、職員のメンタルヘルスの問題に気付きにくい可能性があります。

　また、一般的に介護現場では、比較的固定された人間関係の中で職員がチームとなって業務を行うことが多く、それぞれの職員が連携しながら与えられた業務をこなさなければなりません。そのため、メンタルヘルスに問題を抱えた職員がいる場合には、速やかに改善に向けた措置を取る必要があるといえます。このとき、介護施設は外部との接触が少なく、ストレスがたまりやすい職場であるといえるため、ストレスを軽減するための予防対策に重点を置く必要があります。

　さらに、介護施設では、夜勤の回数が他の職場よりも多く、不規則な勤務形態にならざるを得ないことから、職員のメンタルヘルスに影響を及ぼしやすい職場環境であるといえます。そのため、事業者は、職員の労働時間や勤務体制を適切に把握し、問題があればすぐに対処できる管理体制を取る必要があるといえます。

　とはいえ、実際に各介護施設の特徴は多岐にわたるため、事業者は、それぞれの介護施設の具体的特徴を踏まえて、職員の心の健康を保持するための方策を実施することになります。

262　第Ⅱ部　介護

賃金

 介護職員の賃金について教えてください。

 賃金は、労働基準法や最低賃金法による規律の対象となっており、これらの違反には刑事罰が科されることもあります。

1 賃金とは

賃金とは、労働の対償として支払われるもので、その名称のいかんを問いません（労働基準法11条）。したがって、手当や賞与、退職金などの名目であっても、労働の対償として支払われるものであれば、労働法上は賃金として扱われます。賃金に該当すると、さまざまな労働法上の規律が適用されることとなります。

介護施設において問題となる具体例としては、待機手当（労働者が自由に時間を利用することができず、事業者の要請に応じて直ちに業務に従事することを求められる場合など）、移動手当（施設から利用者宅までの移動など）が考えられますが、これらはいずれも労働の対償と考えられることから、賃金に該当します。

一方で、健康診断手当（労働安全衛生法に基づく健康診断を実施した場合の、労働者の費用負担）については、労働とは無関係な費用の負担であって、賃金に該当しないと考えられます。

2 賃金に関する規制

賃金は、労働者の生活を支える根幹となるものであることから、労働法は賃金に関するさまざまな法規制を設けています。以下、賃金の額と、支払い方法に関する規制について、順に述べます。

第一に、賃金の額については最低賃金法の規制を受けます。最低賃金法は、時給制・日給制・月給制又は非正規・正規職員の区別を問わず、すべての労働者に適用されるものです。月給制の労働者であっても、時間額に換算した賃金が最低賃金法に定める賃金（例えば、2018（平成30）年東京都では985円）を下回ることは許されません。

　なお、最低賃金を下回ることについて労働者が合意していても、そのような合意は法律上無効となります。もし下回った場合には、労働者は差額を請求することができるほか、事業者には刑事罰が科されることがあります（最低賃金法40条、42条）。

　実際に、介護事業者は、しばしば労働基準監督署による摘発の対象となっています（愛知県一宮労働基準監督署平成30年7月18日、秋田県本荘労働基準監督署同4月5日、大阪府泉大津労働基準監督署同2月8日等）。

　第二に、賃金支払方法の規律として、①通貨払い、②直接払い、③全額払い、④定期払いの原則が定められています（労働基準法24条）。

　すなわち賃金は、①現物支給等ではなく通貨で、②代理人等へ支払うのではなく労働者に直接、③控除することなく全額を（所得税法、健康保険法等の法令に特別の定めがある場合を除く）、④毎月1回以上の定期日に支払わなければならないとされています。

　また、賃金の全額を差押えや相殺の対象とすることはできません（民事執行法152条、労働基準法17条）。

③ 割増賃金

　時間外労働、休日労働、深夜業については、割増賃金が支払われることとなっています（下表参照）。

　割増賃金は、重複して生じることもあります。例えば、深夜に時間外労働を行った場合には、50％以上の割増賃金となりますし、深夜に休日労働

264　　第Ⅱ部　介護

を行った場合には、60％以上の割増賃金となります。

区分	割増率
時間外労働	25％以上
休日労働	35％以上
深夜労働	25％以上

コラム　介護職員処遇改善加算

　介護人材の職場定着の必要性、介護福祉士に期待される役割の増大、介護サービス事業者等による昇給や評価を含む賃金制度の整備・運用状況などを踏まえ、事業者による、昇給と結びついた形でのキャリアアップの仕組みの構築を促すため、厚生労働省によって介護職員処遇改善加算制度が導入されました。

　この制度によって、事業者が経験・資格・評価による昇給の仕組み（キャリアパス要件）を整備することで、事業者の負担なく、介護施設職員の賃金を上げることが可能となりました。すなわち、要件を満たした事業者には、地方自治体から賃金上昇の原資となる介護報酬が加算して支払われます。

　介護職員処遇改善加算を取得している事業者は、全事業者の91.2％に上っています（厚生労働省「平成29年度介護従事者処遇状況等調査結果のポイント」）。これらの事業者における介護職員（月給・常勤）の平均給与額は、2014（平成26）年度から2017（平成29）年度にかけて、毎年9,000円～13,000円程度の上昇が見られます。

第3章　職員に関する諸問題

就業環境

Q 介護施設における職場環境について、どのようなことに気をつけるべきでしょうか。

A 事業者は、職場環境について配慮する義務を負っています。特に、労働災害対策、セクシュアルハラスメント、パワーハラスメント対策が重要です。

1 労働災害対策

　介護施設における勤務は、物品の運搬や被介助者の補助などにおいて、身体的な負担が大きくかかります。実際、介護事業における労働災害については、「動作の反動・無理な動作」「転倒」を原因とするものが多く、また「腰痛」の占める割合が高く、かつ増加傾向にあります（厚生労働省「社会福祉・介護事業における労働災害の発生状況」）。

　仮に、このような労働災害（労働者が労務に従事したことによって被った負傷、疾病）が生じた場合には、労災保険を中心とした労災補償制度による補償が受けられます。しかし、そもそも事業主は、このような事故が職場内で発生しないよう、労働者の生命及び身体を危険から保護するよう配慮する義務を負うこととされており、これを安全配慮義務といいます（労働契約法5条）。

〈労働契約法〉
（労働者の安全への配慮）
第5条　使用者は、労働契約に伴い、労働者がその生命、身体等の安全を確保しつつ労働することができるよう、必要な配慮をするものとする。

　介護施設においては、施設が利用者に対して介護施設利用契約上の義務

として安全配慮義務を負っていることはよく知られていますが、この義務とは別に、事業者が労働者に対して労働契約上の安全配慮義務を負っていることに注意しなければなりません。

本稿では、後者の労働契約上の安全配慮義務について述べています。

2 安全配慮義務の内容

事業者は、具体的にどのような安全配慮義務を負うのでしょうか。

最高裁判所判例では、安全配慮義務を、使用者が事業遂行に用いる物的施設・設備及び人的組織の管理を十分に行う義務としています。

介護施設について考えてみると、物的施設・設備の管理の一例としては、介護のしやすい設備や備品を導入することで、職員の身体的負担を軽減することが考えられるでしょう。

人的管理の例としては、マニュアルの作成や研修の実施、十分な人員計画により、職員が適切な介護業務を行えるよう環境を整備するといったことが考えられます。また、長時間労働は業務のミスを誘って労働災害につながるばかりでなく、心因性の労働災害の原因となる可能性がありますので、長時間労働をさせないことも、安全配慮義務の一内容となり得ます。

3 セクシュアルハラスメント対策

セクシュアルハラスメント（セクハラ）とは、一般的に「相手方の意に反する性的言動」のことを指します。セクシュアルハラスメントは、その程度によって、強制わいせつ、名誉棄損などの犯罪が成立する程度のものから、モラルの問題としてふさわしくないといったレベルのものまで多様な類型が存在します。

男女雇用機会均等法は、職場においてセクハラ行為がなされる場面が多いことに鑑みて、事業主に対して、職場においてセクシュアルハラスメン

第3章　職員に関する諸問題　　267

トについて必要な対策を取ることを義務づけています（男女雇用機会均等法11条、労働契約法5条）。これを職場環境配慮義務といいます。

〈男女雇用機会均等法〉
（職場における性的な言動に起因する問題に関する雇用管理上の措置）
第11条　事業主は、職場において行われる性的な言動に対するその雇用する労働者の対応により当該労働者がその労働条件につき不利益を受け、又は当該性的な言動により当該労働者の就業環境が害されることのないよう、当該労働者からの相談に応じ、適切に対応するために必要な体制の整備その他の雇用管理上必要な措置を講じなければならない。
（2～3　省略）

　したがって、使用者は職場内でセクシュアルハラスメントが行われたにもかかわらず、適切な措置を取らなかった場合には、被害者から損害賠償請求（民法709条、415条）を受けるのみでなく、厚生労働大臣の行政指導や企業名の公表の対象ともなります（男女雇用機会均等法29条、30条）。

4 セクシュアルハラスメント対策の内容

　セクシュアルハラスメントを防止するための事業者の義務としては、厚生労働大臣の指針により、10項目が定められています（厚生労働省都道府県労働局雇用均等室「職場のセクシュアルハラスメント対策はあなたの義務です‼」6頁）。

1　事業主の方針の明確化及びその周知・啓発
（1）　職場におけるセクシュアルハラスメントの内容・セクシュアルハラスメントがあってはならない旨の方針を明確化し、管理・監督者を含む労働者に周知・啓発すること。
（2）　セクシュアルハラスメントの行為者については、厳正に対処する旨

268　第Ⅱ部　介護

の方針・対処の内容を就業規則等の文書に規定し、管理・監督者を含む労働者に周知・啓発すること。

2 相談（苦情を含む）に応じ、適切に対応するために必要な体制の整備

⑶ 相談窓口をあらかじめ定めること。

⑷ 相談窓口担当者が、内容や状況に応じ適切に対応できるようにすること。また、広く相談に対応すること。

3 職場におけるセクシュアルハラスメントに係る事後の迅速かつ適切な対応

⑸ 事実関係を迅速かつ正確に確認すること。

⑹ 事実確認ができた場合には、速やかに被害者に対する配慮の措置を適正に行うこと。

⑺ 事実確認ができた場合には、行為者に対する措置を適正に行うこと。

⑻ 再発防止に向けた措置を講ずること（事実が確認できなかった場合も同様）。

4 1から3までの措置と併せて講ずべき措置

⑼ 相談者・行為者等のプライバシーを保護するために必要な措置を講じ、周知すること。

⑽ 相談したこと、事実関係の確認に協力したこと等を理由として不利益な取扱いを行ってはならない旨を定め、労働者に周知・啓発すること。

⑤ パワーハラスメント対策

　職場におけるパワーハラスメント（パワハラ）とは、「同じ職場で働く者に対して、職務上の地位や人間関係などの職場内の優位性を背景に、業務の適正な範囲を超えて、精神的・身体的な苦痛を与える行為又は職場環境を悪化させる行為」のことをいいます[38]。

38　厚生労働省「職場のパワーハラスメントの予防・解決に向けた提言取りまとめ」による定義

第3章　職員に関する諸問題　　269

パワハラに該当する行為としては、

① 身体的な攻撃（暴行・傷害）

② 精神的な攻撃（脅迫・名誉毀損・侮辱・ひどい暴言）

③ 人間関係からの切り離し（隔離・仲間外し・無視）

④ 過大な要求（業務上明らかに不要なことや遂行不可能なことの強制、仕事の妨害）

⑤ 過少な要求（業務上の合理性なく、能力や経験とかけ離れた程度の低い仕事を命じることや仕事を与えないこと）

⑥ 個の侵害（私的なことに過度に立ち入ること）

の6類型が典型的なものとして挙げられます。

　パワハラ行為に対しては、パワハラの内容、程度、期間等によるものの、パワハラを行った本人につき、不法行為に基づく損害賠償責任や場合によっては刑事上の責任が生じ得ます。また、使用者につき、使用者としての損害賠償責任（使用者責任）、安全配慮義務違反に基づく損害賠償責任、及び、特にパワハラを放置・隠ぺいした場合には不法行為責任などが生じ得ます。

　特に、介護の現場においては、夜勤があるうえ多くの職員による交代制の仕事であることから、ストレスがたまりやすく、また、職場でのコミュニケーションが不足しがちであるため、利用者から職員に対するセクハラに加えて、上司から部下に対するパワハラなどが横行しやすい環境にあるといえます。そのため、パワハラに対する組織的な対応策が必要となります。

６ パワーハラスメント対策の内容

　パワハラ対策には大きく、⑴パワハラを予防するためのものと、⑵実際に起きたパワハラを適切に解決するためのものの2つに分けることができ

ます。

(1)パワハラを予防するための取組みとしては、

①　組織のトップがパワーハラスメントを職場からなくすべきであることを明確に示す（トップからのメッセージ）

②　どのような行為がパワハラに該当するかについて、就業規則や労働協定による関係規定の整備及びガイドラインの作成（ルールづくり）

③　面談、従業員アンケート、意見箱の設置等による実態の把握

④　パワハラ防止のための研修を行う等の教育施策の実施

⑤　社内報やイントラネットを通じた諸施策の周知・啓発の実施

などを挙げることができます。

また、(2)実際に起きたパワハラの適切な解決のための取組みとしては、

①　社内相談窓口の整備、相談対応マニュアルの作成、外部相談窓口の利用、外部専門家（弁護士、社会保険労務士、産業カウンセラー、産業医等）との連携などによる、被害者の相談の場の設置

②　パワハラに関する第三者委員会の設置・調査

③　行為者に対する適切な処分及び再発防止のための教育施策の実施

などを挙げることができます。

７ パワーハラスメントの法制化

　従来、セクシュアルハラスメントについては企業の防止措置義務が法制化されていましたが（男女雇用機会均等法11条）、パワーハラスメントに関しては、法律による規制がありませんでした。

　しかし、2019（平成31）年2月14日、厚生労働省の諮問機関である労働政策審議会の分科会で、企業に対するパワーハラスメントの防止義務を盛り込んだ女性活躍推進法等の改正案要綱が提出され、了承されました。

　パワーハラスメントの防止義務の適用は、大企業で公布日から1年以内、

第3章　職員に関する諸問題　271

中小企業では公布日から3年以内とされており、2020年（令和2）年4月に公布予定となっています。政府は3月にも関連法案を提出し、2019（平成31）年の国会での成立を目指しています。

解雇

 介護職員の解雇に関する注意点を教えてください。

 介護施設においてしばしば問題となるのは、利用者や利用者家族からの苦情が頻発するとか、利用者とトラブルを起こす職員を解雇するといったケースです。
　基本的に使用者は職員に対して就業規則に基づき十分な指導を行った上で、それでも職員の問題が改善されない場合に、配置転換や減給処分によって対応できないかを検討し、最終手段として解雇を検討することになります。

1 解雇とは

　解雇とは、使用者からの一方的な意思表示によって労働契約を解約することをいいます。民法上では使用者に解雇の自由がありますが、解雇が労働者の生活に多大な影響をあたえることから、労働法は解雇ができる場合を厳しく限定しています（労働契約法16条）。

〈労働契約法〉
（解雇）
第16条　解雇は、客観的に合理的な理由を欠き、社会通念上相当であると認められない場合は、その権利を濫用したものとして、無効とする。

　解雇には、大きく分けて3種類があります。
　①普通解雇（労働契約上の労働義務が果たされないことを理由として行われる解雇）、②懲戒解雇（職場規律違反や違法行為を理由として行われる解雇）、③整理解雇（使用者の経営上の理由によりいわゆるリストラとして行われる解雇）です。

第3章　職員に関する諸問題　　273

これらいずれの解雇であっても、上記解雇規制の適用を受けます。

また法定解雇禁止事由として、性別・国籍・信条を理由とした解雇、内部通報や監督機関に対する申告を理由とした解雇、育児休業・介護休業・看護休暇の申し出・取得を理由とした解雇、労災による傷害・疾病を理由とした解雇などがあり、これらに該当する場合に解雇することはできません。

例えば、介護業務に際して重篤な腰痛が生じたため、長期に渡って休業することになった職員を解雇することはできません。

２ 具体的な解雇の問題

介護施設においてしばしば問題となるのは、利用者や利用者家族からの苦情が頻発するとか、利用者とトラブルを起こす職員を解雇するといったケースです。このような解雇は、①普通解雇又は②懲戒解雇のいずれかにあたります。

まず、使用者は職員に対して十分な指導を行わなければなりません。どのような行為が、どのようなルール（就業規則等）との関係で問題となっているのか、当該職員が理解できるよう指導を尽くす必要があります。さらに改善がされない場合であっても、いきなり解雇という手段を取るのではなく、配置転換や減給処分によって対応できないかを検討する必要があるでしょう。翻って言えば、原則としてこのような方法を経てもなお改善が見込まれない場合でなければ、解雇することはできません。

ただし、利用者に暴力を振るうとか、利用者の私物を横領したといった、業務に密接に関連する悪質な犯罪行為については、直ちに懲戒解雇が認められる場合があります。

❸ 解雇の手続

　使用者は、労働者を解雇しようとする場合は、少なくとも30日前に予告しなければなりません。予告しない場合は、解雇予告手当金として30日分以上の平均賃金を支払わなければなりません（労働基準法20条）。

　労働者が、解雇の予告がされた日から退職の日までの間に、当該解雇の理由について証明書を請求した場合においては、使用者は、遅滞なくこれを交付しなければなりません（労働基準法22条2項）。実務上は、解雇の予告の際に解雇理由証明書を用意しておく必要があります。

❹ 有期労働契約者の解雇

　契約期間が定められている有期労働契約者、いわゆる非正規職員であっても、当然に解雇規制は及びます。むしろ、有期労働契約者は、その契約期間中について、無期労働契約者（いわゆる正規職員）より厳しい解雇規制が設けられています。

　すなわち、期間雇用の期間途中の解雇は、やむを得ない事由がなければできないとされているところ（労働契約法17条）、ここでいうやむを得ない事由とは、❶で述べた労働契約法16条の解雇規制に加えて、当該雇用を終了させざるを得ない特段の事情があることと解されています（仙台高裁秋田支判平成24年1月25日）。

　有期労働契約の雇止めについては、直ちに労働契約法16条の解雇規制を受けることはありません。

　ただし、契約の形式が有期労働契約であっても、①有期労働契約が過去に反復して更新されたことがあるものであって、その契約期間の満了時に有期労働契約を更新しないことにより有期労働契約を終了させることが、常勤職員に解雇の意思表示をすることにより無期労働契約を終了させることと社会通念上同視できると認められる場合、②労働者において有期労働

契約の契約期間の満了時に有期労働契約が更新されるものと期待することについて合理的な理由があるものであると認められる場合については、従前の有期労働契約が継続することとなっています（労働契約法19条）。

　なお、2012（平成24）年労働契約法改正により、有期労働契約の契約期間を通算した期間が5年を超える労働者が、契約期間が満了する日までの間に、無期労働契約の締結の申込みをしたときは、使用者は当該申込みを承諾したものとみなされます（労働契約法18条）。この規定は、2013（平成25）年4月1日以降に締結された契約に適用されます。

著者一覧

小笠原 耕司 （おがさわら・こうじ）
小笠原六川国際総合法律事務所　代表弁護士
一橋大学法学部卒業、司法修習を経て弁護士登録。
東京銀座法律事務所代表弁護士を経て、現在、小笠原六川国際総合法律事務所代表弁護士をつとめる。1999〜2000年までハドソン・ジャパン債権回収株式会社取締役。
2004〜2012年まで東海大学法科大学院教授（担当科目：現代商事法＜コーポレートガバナンス、コンプライアンス＞、倒産法、リーガルクリニック、民事模擬裁判）をつとめ、2016年より東海大学総合社会科学研究所研究員に就任。2008〜2010年まで青山学院大学大学院国際マネジメント研究科講師、2008〜2018年まで同大学経済学部講師をつとめる。2009年より公益財団法人民際センター評議員、2009年より、公益財団法人フォーリンプレスセンター評議員選定委員、2017年より一般社団法人 産業ソーシャルワーカー協会 理事に就任。
現在は、全国各地の企業にて企業法務の実務に即したものから、社員のメンタルヘルスや労務管理等、人材面を主眼とした法律問題まで、幅広く講演会、セミナーを行っている。

渡邉　剛 （わたなべ・つよし）
ジュニアパートナー弁護士。大学入学資格検定合格後、ニュージャージー州に1年間語学留学、青山学院大学国際政治経済学部卒業、東海大学法科大学院卒業。東京弁護士会。主な業務は事業再生、不動産、刑事事件等。

小笠原 理穂 （おがさわら・りほ）
ジュニアパートナー弁護士。明治大学法学部法律学科卒業、明治大学法科大学院卒業。東京弁護士会。主な業務は一般民事事件、家事事件、少年事件、刑事事件、会社顧問業務等。

在原 一志 （ありはら・かずし）
上智大学法学部国際関係法学科卒業、立教大学法科大学院修了、郡山市役所勤務、都内法律事務所勤務、総務省官民競争入札等監理委員会勤務（任期付職員）、2018年9月小笠原六川国際総合法律事務所入所。主な業務は、一般民事事件、家事事件、破産事件、刑事事件等。

味村 祐作 （みむら・ゆうさく）

関西大学法学部法律学科卒業、慶應義塾大学法科大学院修了、都内法律事務所勤務、インドネシア大学法学部インターナショナルコース修了、外務省在インドネシア日本国大使館経済部勤務（任期付公務員）、2018年9月小笠原六川国際総合法律事務所入所。主な業務は、労働法務、コーポレート・ガバナンス、訴訟、インドネシア法務等。

中島 仁 （なかじま・ひとし）

東京大学教育学部教育心理学科卒業、東京大学大学院法学政治学研究科修了、弁護士登録（東京弁護士会）。主な業務は、コーポレート・ガバナンス、Ｍ＆Ａ、訴訟業務、労働法務、一般民事等。

田原 洋太 （たはら・ようた）

立教大学法学部法学科卒業、慶応義塾大学法科大学院修了。第二東京弁護士会所属。主な業務は、企業法務、訴訟案件、知的財産法務、スポーツ法務、一般民事事件等。

堀口 智博 （ほりぐち・ともひろ）

慶應義塾大学法学部法律学科卒業、早稲田大学大学院法務研究科修了。司法修習を経て弁護士登録。小笠原六川国際総合法律事務所入所。主な業務は、会社顧問業務、Ｍ＆Ａ、渉外法務、労働法務等。

諏訪 貴紘 （すわ・たかひろ）

中央大学法学部法律学科卒業、一橋大学法科大学院修了。司法修習を経て弁護士登録。小笠原六川国際総合法律事務所入所。主な業務は、会社顧問業務、独占禁止法業務、Ｍ＆Ａ、一般民事・家事事件等。

幸森 理志 （こうもり・まさし）

立教大学文学部英米文学科卒業。カナダの新聞社、法律事務所を経て、首都大学東京法科大学院卒業。司法修習を経て弁護士登録。小笠原六川国際総合法律事務所入所。主な業務は、労働法務（特に外国人の労働問題）、会社顧問業務、Ｍ＆Ａ、渉外法務、倒産法務等。

平野 大輔 （ひらの・だいすけ）

パートナー弁護士。私立英国四天王寺学園高等学校、東京慈恵会医科大学医学部卒業。医師として那須赤十字病院外科医局勤務を経て、中央大学法科大学院修了。弁護士登録。主な業務は、医療機関法務、労働法務、会社顧問業務、Ｍ＆Ａ、一般民事等。

医療・介護従事者の悩みにズバッと答える！
病院・介護施設の法律相談Ｑ＆Ａ

2019年5月15日　発行

著　者　　小笠原六川国際総合法律事務所 ©

発行者　　小泉　定裕

発行所　　株式会社 清文社

東京都千代田区内神田１－６－６　（MIFビル）
〒101-0047　電話03（6273）7946　FAX03（3518）0299
大阪市北区天神橋２丁目北２－６　（大和南森町ビル）
〒530-0041　電話06（6135）4050　FAX06（6135）4059
URL http://www.skattsei.co.jp/

印刷：奥村印刷㈱

■著作権法により無断複写複製は禁止されています。落丁本・乱丁本はお取り替えします。
■本書の内容に関するお問い合わせは編集部までFAX（03-3518-8864）でお願いします。
■本書の追録情報等は、当社ホームページ（http://www.skattsei.co.jp/）をご覧ください。

ISBN978-4-433-65259-3